Dr. Setondji Gilles Natachar GLELE

Le chemin de Dieu et celui de l'homme

Dr. Setondji Gilles Natachar GLELE

Le chemin de Dieu et celui de l'homme

pour l'exercice du ministère prophétique

Éditions Croix du Salut

Imprint
Any brand names and product names mentioned in this book are subject to trademark, brand or patent protection and are trademarks or registered trademarks of their respective holders. The use of brand names, product names, common names, trade names, product descriptions etc. even without a particular marking in this work is in no way to be construed to mean that such names may be regarded as unrestricted in respect of trademark and brand protection legislation and could thus be used by anyone.

Cover image: www.ingimage.com

Publisher:
Éditions Croix du Salut
is a trademark of
Dodo Books Indian Ocean Ltd. and OmniScriptum S.R.L publishing group

120 High Road, East Finchley, London, N2 9ED, United Kingdom
Str. Armeneasca 28/1, office 1, Chisinau MD-2012, Republic of Moldova, Europe
Printed at: see last page
ISBN: 978-620-6-16943-7

PREFACE

Je_dédie ce livre à toute personne, quel que soit sa race ; son sexe ; sa nationalité ou ses convictions cultuelles et culturelles, nourrissant l'appétit d'élargir sa connaissance sur des sujets relatifs à la vérité biblique et est animée du désir curieux d'expérimenter la véritable liberté par le moyen de la connaissance de la vérité.

Je prie que le Saint-Esprit vous rencontre pendant que vous lisez ce livre.

Qu'il comble votre attente et que vous ne soyez plus jamais la même personne après cette aventure littéraire.

Nous bénissons Dieu qui a souverainement élevé son Fils unique, notre seigneur et sauveur personnel, par qui nous recevons la grâce d'avoir part à l'héritage des saints dans la lumière ; l'Esprit de sagesse et de révélation dans sa connaissance par lequel, nous sommes scellés pour le jour de la rédemption.

Nous nous unissons à vous pour une marche objective et fructueuse à la découverte de la compréhension selon le cœur de Dieu sur ce qui ressort de la pensée souveraine de Dieu par rapport aux regards contreversés des humains sur les concepts de l'argent et de la richesse.

Pendant que j'écrivais ce livre, c'était comme si vous et moi, lors d'une balade, parlions face à face.

Je peux vous assurer que le contenu de ce livre est très efficace et éclaireur, de sorte qu'en le lisant simplement d'un bout à l'autre, le cœur ouvert et sincère, vous serez vraiment délivré de votre ignorance relative au cafouillage qui entoure les multiples interprétations que font objet les saintes écritures de nos jours.

Que vous soyez : Catholique ; protestant ; pentecôtiste ou ayant tout simplement la Bible en partage ;

Sachez que cet ouvrage vient à point nommé en réponse aux exigences des derniers temps que nous traversons dans la marche annonciatrice de l'œuvre du Seigneur Jésus Christ et de son avènement pour le festin royal des justes.

Nous profitons de l'occasion pour vous informer que les gens sont incontestablement semblables dans le monde. Ils vivent d'une manière ou d'une autre les mêmes réalités. Ils ont autant que vous, besoin de connaitre ; de comprendre et recherchent à tort ou à raison la même vérité.

C'est pourquoi les œuvres de cette édition, paraissent telle une denrée rare qu'il faudra à tout prix se procurer.

Sommaire :

Aperçu général sur le livre

Le livre que voici, loin d'être un paquet de réflexions apprêté pour servir à la satisfaction de nos différents lecteurs, est une véritable clé ; un puissant outil d'acquisition intellectuelle assorti des riches révélations que l'Eternel Dieu, seul créateur des cieux, de la terre et les humains qui y habitent n'a cessé de multiplier au bénéfice du monde évangélique lequel n'arrête de s'entremêler les pédales et cela pour cause de l'ignorance.

Il faut souligner que nous sommes dans un monde contrôlé et dominé par la vue, en sorte qu'il devient plus facile aux humains de croire à la réalité qu'à la vérité.

Ils se plaisent bien à s'identifier aux choses visibles qu'à celles invisibles et en celà, deviennent des proies faciles aux artisans du mensonge et aux profiteurs de l'ignorance.

Voilà pourquoi ce livre est parti pour briser les barrières religieuses ; traverser les frontières de la croyance pour impacter le monde entier et servir efficacement de clé d'informations nécessaires et requises pour préserver les croyants de l'égarement et la duperie lesquels tirent leurs sources de l'ignorance.

Dieu étant créateur et propriétaire de l'homme n'a jamais voulu que celui-ci soit libre pour lui-même quoique conçu avec le libre-arbitre, mais plutôt dépendant de lui, son créateur de qui d'ailleurs il devra apprendre beaucoup de choses par lesquelles la sécurité et l'intégrité de sa personne étaient conditionnées et restent fondamentales, ce que vient de témoigner de nouveau cet ouvrage.

C'est pourquoi le développement du contenu de cet ouvrage penchera sur les véritables questions qui minent la vie de l'église en ce qui concerne l'exercice des différents ministères qui s'y impliquent conformément à la pensée de l'Eternel Dieu sur l'épineuse question relative au salut des âmes des croyants sans lesquels les ministères ne seront d'aucune utilité.

Introduction :

Nous abordons le développement de ladite œuvre par les formules d'action de grâces et de reconnaissance en l'honneur de celui qui est Dieu, le Père des esprits, l'Ancien des jours, le Rocher des âges, celui qui peut tout même au-delà de ce que nous pensons ou imaginons.

Il lui a plu de nouveau de nous associer à son riche et merveilleux projet, celui d'assembler et de réunir en son sein du bon berger les hommes de toute langue ; de toute culture et de toute race en général et les croyants en particulier dans le but et l'objectif de les sortir de leurs différentes voies de dispersion et de les ramener sur le chemin de vérité, celui dont il avait antérieurement pourvu pour l'exercice du ministère en son honneur.

A cet effet, plusieurs thématiques directement liées à l'exercice du ministère divin seront abordées de manière à offrir à nos lecteurs une bonne visibilité sur ce qu'il y a lieu de connaître et de comprendre concernant le choix de l'Eternel Dieu relatif à l'exercice du ministère en son honneur et cela comparativement à celui opéré par l'homme à qui revient de droit le devoir d'un tel service.

Ce travail, en fonction de la grâce qui nous est accordée par les soins de celui qui fait tout d'après le conseil de sa volonté, sera déterminant en réponse aux agissements qui s'observent couramment dans le rang des croyants en général et les ministres de Dieu en particulier.

Voilà pourquoi nous ne menagerons aucun effort particulier à donner le maximum de nous-mêmes pour permettre à quiconque ayant croisé et découvert cette œuvre de haute qualité, d'en faire une opportunité unique en son genre et l'un des rares trésors en matière littérature qu'il n'est pas évident d'en rencontrer ailleurs.

Ce sera ainsi sur ces quelques mots d'introduction que nous allons vous embarquer pour l'une des aventures les plus exceptionnelles et instructives dans la marche chrétienne et plus précisément évangélique.

Chapitre : 1

Définitions bibliques diverses

Définition biblique de chemin.

Le chemin, comme son l'indique, est un mot partageant le même sens qu'une route ; une itinéraire ; une voie pour ne citer que celles-là, qui se traduit comme moyen de communication terrestre permettant de relier deux ou plusieurs extrémités ou points distincts.

Il faut ajouter qu'il en existe de plusieurs catégories et pouvait aussi s'identifier à d'autres figures n'ayant rien à avoir avec le sol sur lequel se déplacent les objets roulants et les différentes catégories d'animaux.

C'est enfin un moyen de communication ou de connexion reliant deux ou plusieurs destinations distinctes.

Définition biblique du ministère divin.

Il faut attendre par ministère, l'ensemble des compétences intellectuelles, techniques, matérielles et administratives nécessaires, voir indispensables pour conduire à la réalisation des projets préalablement bien définis en vue de répondre à des objectifs précis et bien fixés.

Il faut rappeler qu'il est exercé par plusieurs compétences avec à la clé, l'être humain qui à priori, constitue la pièce maîtresse de qui tout part et à la destination de qui tout finit par échouer.

Il peut s'observer à la fois dans le cadre de la gestion des politiques publiques comme privées et porté par des bases reposant sur la sagesse des hommes ou celle de Dieu, laquelle sera qualifiée de sacerdoce et fera d'ailleurs l'objet de notre étude.

Chapitre : 2

Généralité biblique sur le regard de Dieu à l'endroit de la terre

Nous commençons ce chapitre qui constitue le premier de toute notre œuvre et concerne la généralité biblique sur le regard de l'Eternel Dieu à l'endroit de la terre par rappel que celui-ci, avant la création du monde terrestre, était déjà ce qu'il est en tant que Esprit et régnait dans son monde propre à lui lequel se caractérisait que par des dispositions spirituelles lesquelles sont organisées et gérées par des lois et entités relevant du domaine spirituel.

<u>Réf bibliques : Exode : 3 V 14 - 15 ; Jean : 8 V 57 - 58.</u>

Dieu dit à Moïse : Je suis celui qui suis. Et il ajouta : C'est ainsi que tu répondras aux enfants d'Israël : Celui qui s'appelle Je suis, m'a envoyé vers vous.

Dieu dit encore à Moïse : Tu parleras ainsi aux enfants d'Israël : l'Eternel, le Dieu de vos pères, le Dieu d'Abraham, le Dieu d'Isaac et le Dieu de Jacob, m'envoie vers vous. Voilà mon nom pour l'éternité, voilà mon nom de génération en génération.

Les juifs lui dirent : Tu n'as pas encore cinquante ans, et tu as vu Abraham !

Jésus leur dit : En vérité, en vérité, je vous le dis, avant qu'Abraham fût, je suis.

Ainsi, nous notons à partir du contenu des versets ci-dessus quelques informations confirmant la personne de Dieu par une existence condondant à la fois, le passé et le futur et reste par cela le même à travers les temps et les âges.

Et c'est bel et bien le témoignage qu'il s'était rendu de lui-même au-devant des humains lesquels ne s'identifiaient qu'à juste une époque d'existence.

Ceci dit qu'avant la création de la terre, existait déjà un monde spirituel et qualifié de celui de Dieu ou des esprits ou encore céleste.

Ce monde sera caractérisé par la présence de l'Eternel Dieu lui-même en qualité de créateur et Seigneur de la gloire que représente l'univers dans tout son ensemble, et les esprits qui seront répartis en plusieurs catégories et porteront le statut d'ange par un dispositif relationnel soumis uniquement au service rendu les liant à Dieu leur créateur.

Ainsi, il n'y avait dans le ciel que des esprits, même si par endroit, de différents types d'appellations ou qualifications pouvaient être dénombrées.

On entendra en conséquence utiliser des expressions telles que : des vieillards ; des chérubins ; des séraphins ; des êtres vivants à structure corporelle exceptionnelle et spécifique.

Et tout cela traduit le caractère richissime et indescriptible de l'Eternel Dieu dont la grandeur ne saurait être quantifiée, encore moins définie.

Réf bibliques : Hébreux : 1 V 14 ; Apocalypse : 4 V 4, 7 - 8.

Ne sont-ils pas tous des esprits au service de Dieu, envoyés pour exercer un ministère en faveur de ceux qui doivent hériter le salut ?

Autour du trône je vis vingt-quatre trônes , et sur ces trônes vingt quatre vieillards assis, revêtus de vêtements blancs, et sur leurs têtes des couronnes d'or.

Le premier être vivant est semblable à un lion, le second être vivant est semblable à un veau, le troisième être vivant à la face d'un homme, et le quatrième être vivant est semblable à un aigle qui vole.

Les quatre être vivants ont chacun six ailes, et ils sont remplis d'yeux tout autour et au-dedans.

Ils ne cessent de dire jour et nuit : Saint, saint, saint est le Seigneur Dieu, le Tout-puissant, qui était, qui est, et qui vient !

A présent le contenu des versets ci-dessus lesquels confirment l'existence du règne spirituel de l'Eternel Dieu où celui-ci était entouré d'une multitude de créatures aussi restées à l'état d'esprit malgré les différents statuts par lesquels elles pouvaient se différencier les unes des autres.

Et comme nous le disions tantôt, il faut ajouter qu'elles étaient exclusivement liées à l'Eternel Dieu leur créateur et Seigneur par la relation professionnelle dont l'adoration en première.

Ceci dit qu'elles étaient continuellement dans le ministère d'adoration en l'honneur du Tout-puissant de manière à le magnifier par de diverses formules d'action de grâces pour ce qu'il est et qui ne saurait être comparé à quoique ce soit.

<u>Réf bibliques : Apocalypse : 4 V 9 - 11.</u>

Quand les êtres vivants rendent gloire et honneur et actions de grâces à celui qui est assis sur le trône, à celui qui vit aux siècles des siècles.

Les vingt quatre vieillards se prosternèrent devant celui qui est assis sur le trône, et ils adorent celui qui vit aux siècles des siècles, et ils jettent leurs couronnes devant le trône, en disant : Tu es digne, notre Seigneur et notre Dieu, de recevoir la gloire et l'honneur et la puissance ; car tu as créé toutes choses, et c'est par ta volonté qu'elles existent et qu'elles ont été créées.

Ainsi, se présente le contenu des versets ci-dessus lesquels témoignent de la magnificence dont jouit de droit le Seigneur de gloire pour se faire chanter par de diverses voix mélodieuses et une cadence bien structurée lesquelles provenaient du collège des différents être vivants qui s'alignent autour de son trône et qui forment le cœur de sa gloire infinie.

C'est le lieu de rappeler que le principal ministère de l'ensemble des différentes créatures entourant le trône de la majesté divine se caractérise exclusivement par la confession sans cesse des merveilles au témoignage et en l'honneur de ce dernier.

Ils étaient donc par cela liés à lui par le devoir ministériel d'adoration peu importe l'aspect ou la figure d'approche dans laquelle chacun d'eux pouvait se retrouver et s'identifier.

Ils étaient en conséquence liés par une relation d'interdépendance en sorte que le règne de l'Eternel Dieu reposait sur l'adoration qu'il recevait de ce collectif lequel tirait sa subsistance des offrandes d'adoration qu'il lui offrait continuellement.

Et c'était en peu de détails la vie au sein du règne spirituel ou céleste reposant uniquement sur les choses purement spirituelles et tout cela en l'honneur de l'Eternel Dieu, le Tout-puissant.

Cependant, c'est dans cette dynamique royale que surgira un évènement jamais enregistré par le passé, et qui concernera l'attitude répréhensible et inadmissible de lucifer à l'endroit du trône ou pouvoir du Roi des rois.

Et à tout cela, il faut aussi ajouter que la terre existait déjà et faisait partir des éléments constituant l'univers créatif de l'Eternel Dieu.

On notera en conséquence ce qui suit :

<u>Réf bibliques : Genèses : 1 V 1 - 2.</u>

Au commencement, Dieu créa les cieux et la terre.

La terre était informe et vide : il y avait des ténèbres à la surface de l'abîme, et l'esprit de Dieu se mouvait au-dessus des eaux.

Du contenu de ces versets ci-dessus, nous découvrons que la terre existait bel et bien déjà et cela depuis la création des premières œuvres de l'Eternel Dieu comme sa propriété et restera en l'état jusqu'au jour de l'avènement du péché pour la première fois de l'histoire de l'existence et cela proviendra de lucifer dans son ambition de s'hisser au rang de l'Eternel Dieu son créateur.

Il aurait fait preuve de mauvaise gestion des privilèges d'ordre statutaire qui lui étaient accordés par supériorité sur toutes les autres créatures de type angélique.

Et pour la petite histoire, il faut rappeler que lucifer faisait partir de l'effectif des esprits d'ordre angélique de la classe des anges supérieurs au nombre desquels on peut dénombrer les archanges ; les chérubins ; les séraphins pour ne citer que ceux-là.

A cela, il faut ajouter qu'il bénéficiait d'un autre aspect de supériorité sur les autres esprits et même ceux de sa catégorie et sera à l'époque qualifié d'ange de lumière, c'est à dire ange de beauté éclatante.

Cette position lui faisait jouir d'un degré de notoriété dans l'ordre administratif de l'Eternel Dieu et lui conférait le droit d'attribution régalienne sur un effectif d'anges inférieurs donnés.

Il jouissait aussi d'un certain droit d'honneur dû à sa position et cela de peu seulement inférieur à celui qui est Dieu.

Cette position finira par lui prendre la tête et suscitera en son cœur la convoitise et le désir de s'égaler à son Dieu et créateur.

Le péché sera trouvé chez lui et il deviendra par conséquent un étranger dont la place ne sera plus prise en considération au sein de la grande famille céleste.

<u>Réf bibliques : Esaïe : 14 V 10 - 15.</u>

Tous prennent la parole pour te dire :

Toi aussi, tu es sans force comme nous,

Tu es devenu semblable à nous !

Ta magnificence est descendue dans le séjour des morts,

Avec le son de tes luths ;

Sous toi est une couche de vers,

Et les vers sont ta couverture.

Te voilà tombé du ciel,

Astre brillant, fils de l'aurore !

Tu es abattu à terre,

Toi, le vainqueur des nations !

Tu disais en ton cœur : Je monterai au ciel,

J'elèverai mon trône au-dessus des étoiles de Dieu ;

Je m'assiérai sur la montagne de l'assemblée,

A l'extrémité du septentrion ;

Je monterai sur le sommet des nues,

Je serai semblable au Très-haut,

Mais tu as été précipité dans le séjour des morts...

Ainsi, du contenu des versets ci-dessus, nous découvrons une illustration du récit des évènements qui témoignent de l'introduction de l'interdit c'est à dire la connaissance du péché pour la toute première fois de l'histoire, et cela au sein du conseil royal et céleste de l'Eternel Dieu.

On parlera de l'acte de la convoitise et de la rébellion de l'un des anges supérieurs en la personne de lucifer contre l'ordre organisationnel et administratif du Tout-Puissant Dieu.

Il s'identifiera en corps étranger et désormais incompatible à continuer de collaborer avec la sainteté et la justice de l'Eternel Dieu, et sera plutard poussé par le principe de rigueur de la loi vers l'extérieur du monde angélique régulièrement soumis à l'autorité du Dieu vivant.

Les saintes écritures nous informeront du conflit que son acte allait engendrer dans le ciel et qui allait lui coûter sa place et sa position.

Il sera enfin mis dehors après de sérieux accrochages et non seulement lui, mais un nombre d'anges inférieurs attachés à sa personne, précédemment qualifiée d'ange de lumière.

<u>Réf bibliques : Apocalypse : 12 V 7 - 9.</u>

Et il y eut guerre dans le ciel.

Michel et ses anges combattirent contre le dragon. Et le dragon et ses anges combattirent,

Mais ils ne furent pas les plus forts, et leur place ne fut plus trouvée dans le ciel.

Et il fut précipité le grand dragon, le serpent ancien, appelé le diable et Satan, celui qui séduit toute la terre, et il fut précipité sur la terre, et ses anges furent précipités avec lui.

Ainsi, nous trouvons à partir du contenu des versets ci-dessus lesquels témoignent des conséquences engendrées par la connaissance du péché par lucifer et non seulement lui, mais les anges qui avaient choisi le suivre dans sa rébellion pour qu'il y ait un moment d'affrontement direct entre eux et les anges qui étaient restés attachés à l'autorité du Tout-Puissant.

Il sera constaté que lucifer, encore moins les anges épousant sa démarche contreversante n'avaient pas été les plus forts dans ce combat qui avait eu lieu et leur place n'était plus retrouvée, ce qui signifiait leur défaite.

C'est le lieu de rappeler que la fin de ce combat de rébellion conduit par lucifer était la cause principale du choix de l'Eternel Dieu le Tout-puissant de donner existence à un nouveau être vivant supérieur aux anges appelé homme, et qui bénéficiera des attributs de gouverneur, de seigneur et d'intendant de l'Eternel Dieu son créateur pour l'administration et la gestion d'un nouveau monde bâti sur le principe de la réalité, de la vue et du touché.

On parlera du monde terrestre ou visible, où régneront la notion du temps et la variation des climats dont le jour ; la nuit ; les saisons et tout cela couvert par la loi des semailles et de la moisson.

<u>Réf bibliques : Genèse : 8 V 22.</u>

Tant que la terre subsistera, les semailles et la moisson, le froid et la chaleur, l'été et l'hiver, le jour et la nuit ne cesseront.

Et voilà ce que projettera la sagesse du Tout-Puissant Dieu en ce qui concerne la vie de l'homme qui est appelé à vivre dans un monde contrôlé par la chair c'est à dire où on notera des besoins tels que, la faim de manger et la soif de boire.

Ce monde sera aussi caractérisé par la vie sentimentale et émotionnelle ; des différents types et catégories d'être vivants, les êtres animés et inanimés pour ne citer que ceux-là, et dont plusieurs parmi eux seront dotés de la capacité de la procréation à type variant.

On parlera en considération de cet ensemble constituant ce monde de la vie terrestre ou sous le soleil et sera par principe soumis à l'influence du monde spirituel et duquel il est d'ailleurs dépendant.

Réf bibliques : Genèse : 1 V 1 - 10.

Au commencement, Dieu créa les cieux et la terre

La terre était informe et vide ; il y avait des ténèbres à la surface de l'abîme, et l'esprit de Dieu se mouvait au-dessus des eaux.

Dieu dit : Que la lumière soit ! Et la lumière fut.

Dieu vit que la lumière était bonne ; et Dieu sépara la lumière d'avec les ténèbres.

Dieu appela la lumière jour, et il appela les ténèbres nuit. Ainsi, il y eut un soir et il y eut un matin ; ce fut le premier jour.

Dieu dit : Qu'il y ait une étendue entre les eaux, et qu'elle sépare les eaux d'avec les eaux.

Et Dieu fit l'étendue, et il sépara les eaux qui sont au-dessous de l'ensemble d'avec les eaux qui sont au-dessus de l'étendue. Et cela fut ainsi.

Dieu appela l'étendue ciel. Ainsi, il y eut un soir et il y eut un matin : ce fut le second jour.

Dieu dit : Que les eaux qui sont au-dessous du ciel se rassemblent en un seul lieu, et que le sec paraisse. Et cela fut ainsi.

Dieu appela le sec terre, et il appela l'amas des eaux mers, Dieu vit que cela
était bon.

C'est ainsi comme le présentent si bien les saintes écritures, tout ce qui existait en Dieu et qui n'avait de forme pour servir d'utilité ou d'intérêt direct ou indirect à l'Eternel Dieu le créateur allait commencer par prendre forme d'existence avec à l'appui, la notion du calendrier et du temps impliquant la notion de l'âge.

On notera ainsi pour la toute première fois de l'existence, l'avènement des temps de lumière et ceux de l'obscurité communément appelés matin et soir et nécessaire pour caractériser le jour et la nuit.

C'est ainsi que l'Eternel Dieu évoluera dans cette phase de la création jusqu'à dénombrer un ensemble de sept jours avec à la clé, chaque jour caractérisé par des évènements bien précis et parfois même symbolique, dont le septième jour par exemple lequel traduit le repos de Dieu.

Toutefois, ce qui allait plus nous intéresser dans cet ordre de la phase de la création de l'Eternel Dieu est le jour qui devra servir à la création de l'homme, et non seulement cela, mais l'œuvre elle-même qui sera exceptionnelle et bénéficiera par privilège sur toutes les autres œuvres, l'avantage d'être fait à l'image et selon la ressemblance de l'Eternel Dieu, lui-même.

<u>Réf bibliques : Genèse : 1 V 26 - 27.</u>

Puis Dieu dit : Faisons l'homme à notre image, selon notre ressemblance, et qu'il domine sur les poissons de la mer, sur les oiseaux du ciel, sur le bétail, sur toute la terre, et sur tous les reptiles qui rampent sur la terre.

Dieu créa l'homme à son image, il le créa à l'image de Dieu, il créa l'homme et la femme.

Ainsi, partant du contenu des versets ci-dessus, nous découvrons que l'homme sera effectivement créé par l'Eternel Dieu au même titre que toutes les autres œuvres au profit desquelles il avait consacré chacun des différents jours susmentionnés.

Toutefois, il sera fait mention d'une particularité au bénéfice de cette œuvre laquelle d'ailleurs était la dernière en ordre numérique, et il s'agira du partage de l'image et de la ressemblance du créateur avec elle.

Ainsi il sera dit que l'homme avait été créé à l'image et selon la ressemblance de Dieu.

Il faut souligner que l'ensemble de ces différents traits caractéristiques d'image et de ressemblance de l'homme avec Dieu, devrait être considéré comme un pouvoir entre les mains de ce dernier et dont les attributs lui conféraient le statut de dieu par délégation avec mandat de gestion et d'administration de tout le patrimoine terrestre de l'Eternel Dieu, le créateur de l'univers tout entier.

Voilà pourquoi les saintes écritures ne manqueront de faire mention des attributs tels que la domination et l'assujettissement de tout ce qui était autour de lui, des choses qui étaient d'ailleurs créées même avant lui.

<u>Réf bibliques : Genèse : 1 V 28 - 30.</u>

Dieu les bénit, et Dieu leur dit : Soyez féconds, multipliez, remplissez la terre, et l'assujettissez ; et dominez sur les poissons de la mer, sur les oiseaux du ciel, et sur tout animal qui se meut sur la terre.

Et Dieu dit : Voici, je vous donne toute herbe portant de la semence et qui est à la surface de toute la terre, et tout arbre ayant en lui du fruit d'arbre et portant de la semence : ce sera votre nourriture.

Et à tout animal de la terre, à tout oiseau du ciel, et à tout ce qui se meut sur la terre, ayant en soi un souffle de vie, je donne toute herbe verte pour nourriture. Et cela fut ainsi.

Ainsi, du contenu des versets ci-dessus, nous trouvons que l'homme avait été béni par l'Eternel Dieu et cela juste après qu'il soit créé.

Au nombre donc de ces différentes formules de bénédictions figure le pouvoir pour exercer son autorité sur tout ce qui était autour de lui, avec priorité pour satisfaire ses différents besoins dont l'alimentation en premier.

Il n'était pas le seul être vivant à bénéficier du droit de s'alimenter à partir des différentes herbes ayant en elles de semences, mais le bétail aussi lequel constitue l'ensemble des bêtes des champs.

Cependant, il restera seigneur et maître sur elles autres malgré l'élément qu'ils partagent en commun lequel repose sur l'alimentation qui reste après tout un besoin prioritaire ou de base.

Le point capital de ce développement concerne le caractère libre arbitrale dont l'homme a bénéficié à la création et par lequel il était élevé au-dessus des anges, et désormais très proche de Dieu dans son statut de Seigneur lequel correspond au décideur.

L'homme sera ainsi créé libre c'est à dire avec les dispositions du libre-arbitre, ce qui le rendait presque autonome en ce qui concerne les diverses et différentes décisions qu'il est appelé à prendre dans la suite des temps et cela en rapport avec les différentes relations le liant à l'Eternel Dieu son créateur et tout ce qui est créé et vivant autour de lui.

Il faut ajouter que cet élément constituant son statut d'homme le prédisposait à la fonction de gérant et de gestionnaire délégué de l'autorité du Très-haut pour conduire selon la volonté de l'Eternel Dieu sur tout le patrimoine sur lequel il sera établi, ce qui exige d'ailleurs de lui, de la compétence et de l'instruction.

l'Eternel Dieu, dans toute sa prescience ne manquera de prendre de telle disposition et ce sera les deux lois qui communiquent sur sa juste et sainte personnalité qui seront appelées à faire office d'éducateur et de formateur sur la vie de l'homme en vue de le préparer à faire non sa volonté personnelle, mais celle du souverain Dieu, son Maître et son Seigneur.

L'homme serait alors en train de faire la volonté de son Maître par son obéissance aux différentes instructions mises à sa disposition et sera de par cela, le disciple de celui de qui il tirait sa ressemblance et son image et tout dans un ministère d'adoration en l'honneur de l'Eternel son Dieu.

Réf bibliques : Genèse : 2 V 15 - 17.

L'Eternel Dieu prit l'homme, et le plaça dans le jardin d'Eden pour le cultiver et pour le garder.

L'Eternel Dieu donna cet ordre à l'homme : Tu pourras manger de tous les arbres du jardin ;

Mais tu ne mangeras pas de l'arbre de la connaissance du bien et du mal, car le jour où tu en mangeras, tu mourras.

Ainsi, à partir du contenu de ces versets ci-dessus, nous découvrons la démarche combien disciplinaire et responsable de l'Eternel Dieu envers l'homme pour le placer dans un jardin à Eden et cela afin de lui offrir des informations dont il devra s'enquérir pour devenir le disciple accompli par référence à son Maître et Seigneur, puisque celui-ci est en priorité lié à son Maître par le devoir d'adoration quoique disposant aussi des droits.

L'Eternel Dieu, en vue donc de recevoir de droit les adorations dont il reste le seul détenant la dignité sur l'homme comme c'est le cas avec les anges dans le règne céleste, allait disposer d'un cadre de formation et de mise à niveau au profit de ce dernier par des conditions d'applicabilité et d'adaptation propres à de telle relation ministérielle.

Ainsi, nous trouvons que l'Eternel Dieu allait projeter d'amener à existence un monde visible et charnel et placé sous l'administration et le leadership de l'homme en réponse au scandale qui avait eu lieu dans le ciel et dont lucifer fut le principal acteur.

Il sera disgracié au profit de l'homme à qui la situation allait profiter à la différence que celui-ci aura le privilège de la garde d'un nouveau monde séparé de celui de son créateur quoique dépendant de lui.

Il fera alors office d'un mandat de gestion par délégation de pouvoir lequel exigera de lui une forme de dépendance à son propriétaire et Maître.

Et ce sera ainsi la généralité biblique sur le regard de l'Eternel Dieu en direction de la terre.

Chapitre : 3

Etude de la pensée objective de Dieu pour l'exercice du ministère divin

Il nous plaît de rappeler à l'occasion du développement de ce chapitre que si les hommes pouvaient généralement partir de la notion de la pensée ou la conception ou encore du rêve pour aboutir à la réalisation de toute chose, ils devraient l'hériter de l'Eternel Dieu de qui ils sont tirés et avec qui ils partagent des traits caractéristiques d'image et de ressemblance.

Ceci dénote que si l'homme a tout le temps fait preuve de pensée presque dans son mode de vie de chaque jour, alors l'Eternel Dieu le ferait davantage puisque c'est bien de lui que l'homme avait tiré ses diverses potentialités.

L'Eternel Dieu, ayant à cœur de créer un monde comme celui dans lequel l'homme vit en ce moment, devra y penser et cela certainement avec des projets bien précis ; des objectifs précis et bien définis et des réflexions bien mûries.

Celui-ci aura en conséquence défini des objectifs terrestres à atteindre à partir de l'homme qu'il prendra le soin d'établir comme son représentant administratif et intendant à la tête de ce nouveau monde, puisque si l'homme créé ne pouvait aucunement prendre d'initiative sans au préalable y penser, à plus forte raison celui qui est le créateur de ce dernier et le père des lumières.

Celui qui est le sage par excellence et dont les preuves de tout ce qu'il a créé et fait, rendent de véritables témoignages.

Nous trouvons de là que l'Eternel Dieu devra créer ce monde et y placer l'homme autour de qui existera également un important nombre de diverses créatures afin d'en faire un foyer d'adoration en son honneur avec à la clé, la vie relationnelle de l'homme avec lui.

L'homme sera alors par cela lié à l'Eternel Dieu son créateur par une relation à la fois amicale et professionnelle au travers de laquelle, il sera appelé à lui présenter continuellement et de toute son âme, des offrandes d'adoration dont celui-ci est le seul digne de recevoir.

Cependant, l'homme créé, formé et placé à l'intérieur du jardin d'Eden, sera t'il de lui-même capable de s'auto-éduquer au point de commencer à faire les choses selon la volonté de son créateur jusqu'à lui présenter des offrandes d'adoration à sa convenance ?

Nullement ! Puisque celui-ci ne serait que jusque-là dans un état de nouveau-né et en conséquence nécessiter des approches d'ordre formationnel, informationnel et éducationnel susceptibles de préparer un avenir relationnel crédible.

Voilà pourquoi, l'Eternel Dieu le sage créateur, en maître bien averti, allait prendre le soin et la juste responsabilité de ne laisser l'homme livré à lui-même mais de le placer dans un jardin en Eden et mettre à sa disposition des informations par lesquelles il était sensé se forger une personnalité à l'attente et à l'inspiration de son créateur, son maître et Seigneur.

C'est d'ailleurs le lieu de s'interroger sur qui a en réalité compétences à adorer Dieu par un quelconque ministère digne de son nom ?

<u>Réf bibliques : Genèse : 2 V 15.</u>

L'Eternel Dieu prit l'homme, et le plaça dans le jardin d'Eden pour le cultiver et pour le garder.

A partir du contenu du verset ci-dessus, nous trouvons effectivement que l'Eternel Dieu, après avoir créé et formé l'homme n'allait pas le laisser livrer à lui-même, mais plutôt le placer à l'intérieur d'un jardin planté en Eden.

Certainement, une démarche signifiant l'approche éducationnelle d'un parent ou tuteur au profit d'un nouveau-né et reste essentiel pour sa sécurité, sa croissance en sagesse et en statut, et le tout pour lui assurer un avenir davantage conséquent face à son milieu de vie d'accueil.

C'est le lieu de rappeler comme il est de notre habitude qu'il s'agit là de l'un des versets clés de la sagesse de Dieu autour de laquelle tourne toute la pensée biblique et la base doctrinale pour révéler le mystère de l'Evangile de Dieu au profit de l'homme.

Ainsi, l'Eternel Dieu aura placé l'homme à l'intérieur du jardin d'Eden non pour que celui-ci cultive ledit jardin comme un homme pouvait cultiver un champ et veiller à sa garde un peu comme pour veiller à sa sécurité.

Mais la lecture correcte et à la pensée de l'Eternel Dieu sera la suivante : L'Eternel Dieu prit l'homme, et plaça ce dernier dans le jardin d'Eden pour cultiver l'homme, c'est à dire l'enseigner, l'éduquer, le former et pour le garder, c'est à dire pour que l'homme devienne véritablement le résultat manifesté du travail divin selon l'image et la ressemblance de Dieu et cela à travers son âme et son corps puisque c'est d'ailleurs lui, homme qui avait besoin de la compétence, de la connaissance de diverses natures susceptibles de l'aider à affronter avec succès les défis de tout genre auxquels il était appelé à faire face pour le reste de sa vie sur terre ou sous le soleil.

Mais comme nous nous interrogions un peu plus haut en ce qui concerne la compétence intellectuelle pour offrir à Dieu la qualité d'adoration digne de son nom, des réponses efficientes ne manqueront, et on notera ce qui suit :

<u>Réf bibliques : Genèse : 2 V 16 - 17.</u>

L'Eternel Dieu donna cet ordre à l'homme : Tu pourras manger de tous les arbres du jardin ;

Mais tu ne mangeras pas de l'arbre de la connaissance du bien et du mal, car le jour où tu en mangeras, tu mourras.

Nous notons à partir du contenu des versets ci-dessus lesquels font cas de certaines informations à caractère instructif sagement mises à la disposition de l'homme qui venait à peine de recevoir une forme physique pour l'existence terrestre après sa création.

Il faut ajouter au passage que ces différentes instructions étaient essentielles pour donner à l'homme qui devrait être considéré comme un nouveau-né d'acquérir de la compétence et de la technicité nécessaires voir indispensables comme bagages intellectuels et outils de gestion et d'administration à bon escient de tout le patrimoine divin sur lequel il sera établi comme intendant pour une gestion déléguée soumise à l'obligation de restitution de compte.

Il lui sera donné en conséquence l'ordre qui est le suivant : Tu pourras manger de tous les arbres du jardin, mais tu ne mangeras pas de l'arbre de la connaissance du bien et du mal car le jour où tu en mangeras, tu mourras.

Il faut souligner que ces deux différentes instructions données à l'homme traduisent les deux sagesses qui décrivent la personnalité complète du Dieu Tout-puissant, le créateur de l'univers tout entier et particulièrement de l'homme qui à priori est lié à lui par le service de culte d'adoration communément appelé sacerdoce.

C'est deux sagesses seront de sitôt connues des hommes sous le vocable loi, et ainsi, on notera respectivement la loi de la liberté et celle de l'interdit.

Il faut dire que nous avons beaucoup de choses à dire sur ces choses et des points parfois difficiles à expliquer à cause du défaut de croissance spirituelle de plusieurs des croyants qui jusque-là sont restés à l'étape de bébés spirituels.

Et cela à cause du défaut criard de la connaissance de l'Evangile après leur conversion du monde pour la marche chrétienne communément appelée la nouvelle naissance.

Ainsi, il sera constaté que nombreux sont ceux-là qui après l'appel évangélique, naissent effectivement de nouveau c'est à dire d'un système à un autre ; d'une culture ou modèle de vie à un autre, ou encore d'une doctrine religieuse à une autre, mais jamais de Dieu pour une véritable réconciliation avec celui-ci.

Et pourtant, c'était l'objectif principal de l'Eternel Dieu à l'endroit de l'homme, celui de faire de lui son disciple selon que seul celui est le produit accompli d'un travail de discipline peut prétendre détenir la qualification requise pour faire un retour digne d'approbation.

Cela devient encore plus évident lorsqu'on considère que c'est le disciple qui répond aux normes de fils et qualifié pour non seulement mériter la confiance de son maître et lui offrir des offrandes d'adoration dignes d'être reçues.

Mais non seulement cela, il sera aussi qualifié semblable à son maître ou son Seigneur en considération de sa vie de chaque jour et de chaque instant.

<u>Réf bibliques : Mathieu : 28 V 19 - 20 ; Luc : 6 V 40 ; Jean : 15 V 14 - 15.</u>

Allez, faites de toutes les nations des disciples, les baptisant au nom du Père, du Fils et du Saint-Esprit.

Et enseignez-les à observer tout ce que je vous ai prescrit.

Et voici, je suis avec vous tous les jours, jusqu'à la fin du monde.

Le disciple n'est pas plus que le maître ; mais tout disciple accompli sera comme son maître.

Vous êtes mes amis, si vous faites ce que je vous commande.

Je ne vous appelle plus serviteurs, parce que le serviteur ne sait pas ce que fait son maître ; je vous ai appelé amis, parce que je vous ai fait connaître tout ce que j'ai appris de mon Père.

Nous notons à partir du contenu des versets ci-dessus l'essentiel de la volonté ministérielle ou sacerdotale du Très-haut à l'égard de l'homme qu'il allait appelé en Jésus-Christ pour en faire à priori son disciple lequel en d'autre terme sera qualifié d'ami à cause de la proximité relationnelle qui allait s'établir entre eux.

C'est le lieu de rappeler que ces versets étaient parties pour révéler la volonté de l'Eternel Dieu envers l'homme pour le placer dans le jardin d'Eden après lui avoir donné une forme physique et mettre à sa disposition des informations à caractère instructif, lesquelles étaient nécessaires pour forger en lui une personnalité selon l'image et la ressemblance de son créateur.

Ce qui avait évidemment échoué faute de manque d'attention et de la maîtrise de soi de l'homme que lucifer dans le rôle du diable et Satan c'est à dire le séparateur avait réussi à amener à aller contre la volonté ou les instructions de son Maître et Seigneur.

On parlera plus tard de la connaissance du péché de l'homme, ce qui aboutira à la d'échéance de ce dernier.

L'homme aura ainsi manqué de se focaliser sur l'ordre instructif que son maître et seigneur lui avait donné et qui reste essentiel voir indispensable pour sa bonne croissance, celle en statut et en sagesse.

Ainsi pour rappel, nous pouvons trouver au travers du contenu des versets ci-dessus que le seigneur Jésus-Christ, alors qu'il se préparait pour monter vers son Père après sa résurrection, demandait instamment à ses disciples d'aller partout le monde pour faire de toutes les nations des disciples en prenant soin de leur enseigner tout ce qu'il leur avait précédemment appris et par lesquels ils étaient devenus ses disciples.

l'Eternel Dieu devra vouloir avant tout faire de l'homme créé ; formé et placé à l'intérieur du jardin d'Eden son disciple c'est à dire la personne qualifiée pour faire non sa volonté personnelle mais celle de celui qui l'a enroulé et qui dans le cas d'espèce est Dieu, son créateur.

Et c'était bien le projet prioritaire de l'Eternel Dieu au profit de l'homme en la personne d'Adam qui pour les circonstances avait Eve à ses côtés en guise d'élément complémentaire en réponse à la volonté du Très-haut, celle d'avoir la terre remplie et couverte de leurs progénitures c'est à dire de nouveaux êtres vivants de la même espèce qu'eux.

Revenant à la pensée de l'Eternel Dieu en direction de la terre pour l'exercice du ministère divin, il faut retenir la volonté manifeste de celui-ci de s'offrir un nouveau monde différent de celui dans lequel lui-même s'était établi Seigneur et Père des esprits.

Ce monde sera habité et contrôlé en priorité par des humains lesquels jouissaient du pouvoir de la domination et de l'assujettissement de tout ce qui constitue des éléments composant ledit monde.

Cependant, il faut souligner que ces différents privilèges que l'Eternel Dieu allait mettre à la disposition de l'homme et par lesquels il était élevé au-dessus de toutes les autres œuvres du seul et unique créateur et propriétaire de la terre, lui étaient accordés et en même temps avec la responsabilité d'offrir en retour à celui-là qui peut tout, des offrandes et sacrifices d'adoration lesquels impliqueront toutes les dimensions de sa vie.

<u>Réf bibliques : Jean : 4 V 23 ; Romains : 12 V 1 ; Hébreux : 13 V 15.</u>

Mais l'heure vient, et elle est déjà venue, où les vrais adorateurs adoreront le Père en esprit et en vérité ; car ce sont là les adorateurs que le Père demande.

Je vous exhorte donc, frères, par les compassions de Dieu, à offrir vos corps comme un sacrifice vivant, saint, agréable à Dieu, ce qui sera de votre part un culte raisonnable.

Par lui, offrons sans cesse à Dieu un sacrifice de louange, c'est à dire le fruit de lèvre qui confessent son nom.

Nous notons à partir du contenu des versets ci-dessus que l'Eternel Dieu, à travers la bouche de son Fils, lequel était en ce moment précis dans le rôle et statut de serviteur allait à l'occasion de sa rencontre avec la femme samaritaine révéler la volonté missionnaire de celui qui l'avait envoyé dans le monde, qui était à la fois son Père et son Maître et qui l'avait commissionné en vue de lui élever une nouvelle génération d'adorateurs lesquels présenteront au Père des offrandes d'adoration en esprit et en vérité, conformément à la volonté de celui-ci.

Toujours dans cette ombre d'idée, il sera aussi souligné l'appel de l'apôtre Paul envers les nouveaux convertis d'offrir leurs corps comme une offrande un sacrifice vivant avec des dispositions de sainteté et d'état agréable à Dieu, ce que d'après lui serait de leur part un culte raisonnable.

L'apôtre Pierre abordera également cette question avec les mêmes appétits mais cette fois par l'usage des termes d'exhortation propres à leur vie d'expression orale de chaque jour à laquelle chacun d'eux était inévitablement liée et ne pouvait aucunement s'en passer.

Ainsi l'homme, de par l'ensemble de ses activités et dans les moindres détails de sa vie au quotidien devrait s'identifier et se reconnaître comme adorateur de l'Eternel Dieu son créateur de qui il dépend et pour qui il vit.

<u>Réf bibliques : Jean : 4 V 24 ; 2 Corinthiens : 3 V 17.</u>

Dieu est Esprit, et il faut que ceux qui l'adorent, l'adorent en esprit et en vérité.

Or, le Seigneur c'est l'Esprit ; et là où est l'Esprit du Seigneur, là est la liberté.

Nous trouvons à partir du contenu des versets ci-dessus que Dieu étant Esprit, allait créer l'homme esprit avant de le doter d'une chair, ce qui traduit d'ailleurs sa volonté relationnelle avec l'homme, laquelle reposera à priori sur l'esprit de celui-ci.

Ainsi, si l'homme avait été créé esprit, avec des dispositions de libre-arbitre et partageant également l'image et la ressemblance avec Dieu et cela par privilège sur toutes les autres œuvres de l'Eternel Dieu le créateur de l'univers tout entier, cette liberté ne le hisse pas à la position d'égalité avec Dieu, mais plutôt le soumet à la volonté de ce Dernier et cela par référence aux différentes instructions mises à sa disposition pendant qu'il était en séjour à l'intérieur du jardin d'Eden.

Et ce sera sur ces mots que nous mettons terme au développement relatif à l'étude de la pensée objective de l'Eternel Dieu pour l'exercice du ministère divin.

Chapitre : 4

Etude du chemin de Dieu pour l'exercice du ministère.

Nous abordons ce chapitre de notre étude par rappel que l'Eternel Dieu qui est le créateur de l'univers visible et invisible et particulièrement de l'homme, est de par sa nature un Dieu d'ordre.

Cependant, il reste égal à lui-même et ne tisse aucune de ses multitudes relations sur le sentimentalisme ou des approches motivées par des intérêts comme c'est le mode de fonctionnement de l'homme corrompu par la connaissance du péché.

Il est intégré d'objectivité et élève toujours sa souveraineté au-dessus de toutes les multiples décisions et initiatives qu'il prenne, soit envers lui-même ou en direction de ses différentes œuvres.

<u>Réf bibliques : Genèse : 1 V 14 - 18 ; Jacques : 1 V 17.</u>

Dieu dit : Qu'il y ait des luminaires dans l'étendue du ciel, pour séparer le jour d'avec la nuit ; que ce soient des signes pour marquer les époques, les jours et les années ;

Et qu'ils servent de luminaires dans l'étendue du ciel, pour éclairer la terre. Et cela fut ainsi.

Dieu fit les deux grands luminaires, le plus grand luminaire pour présider le jour, et le plus petit luminaire pour présider la nuit ; il fit aussi les étoiles.

Dieu les plaça dans l'étendue du ciel, pour éclairer la terre, pour présider le jour et à la nuit, et pour séparer la lumière d'avec les ténèbres.

Toute grâce excellente et tout don parfait descendent d'en haut, du Père des lumières, chez lequel il n'y a ni changement ni ombre de variation.

Nous trouvons à partir du contenu des versets ci-dessus lesquels témoignent du mode de fonctionnement de l'Eternel Dieu qui présentait certains caractéristiques propres à lui et à lui seul encore qu'il s'agit du créateur de toute chose naturelle.

Juste un exemple parmi tant d'autres sera pris en considération afin de révéler un temps soi peu combien Dieu reste de manière incomparable égal à lui-même et fait tout d'après le conseil de sa volonté.

Il n'est pas conseillé et ne pouvait l'être par qui que ce soit parce que suffisant en conseils et en sagesse et reste par cela l'être vivant qu'on ne saurait ni quantifier ni décrire avec précision par une quelconque sagesse humaine ou de source angélique.

Et toujours d'après le contenu desdits versets, nous trouvons en détail que l'Eternel allait créer de grands luminaires dont deux principalement à savoir : le soleil et la lune qu'il allait placer dans l'étendue du ciel et les charger de présider respectivement aux jours et aux nuits.

On aura à partir donc de ces luminaires, l'existence des jours et des années et pouvait aussi profiter de la variation des climats et saisons, sans oublier de la lumière au profit de la terre.

Les lumières seront séparées d'avec les ténèbres, et les étoiles existeront également et seront chargées d'accompagner la lune dans sa mission présidiale, celle de conduire les nuits.

On notera également que tout ce qui est d'ordre de l'excellence et de la perfection proviennent de lui, le Père des lumières chez qui, il n'y a ni changement ni ombre de variation, c'est à dire de la repentance et de la perfectibilité.

Mais pour ce qui concerne le chemin de l'Eternel Dieu pour l'exercice du ministère, lequel d'ailleurs tirait son origine de lui et finit par lui revenir de droit et cela par les soins de ses différents ouvriers, il convient de souligner que nous avons beaucoup à dire et à expliquer pour le bonheur des uns et des autres.

A cet effet, qu'il nous souvienne que nous avions précédemment démontré que l'Eternel Dieu de toute sa sagesse et dans toute sa souveraineté allait décider de créer l'homme en tant qu'être spirituel, le doter d'une âme et l'habiller d'un corps physique pour l'expérience d'une relation de vie spirituelle pratiquement contrôlée par la chair.

Et c'est en prévision d'un tel projet qu'il allait placer l'homme dans le jardin d'Eden pour le cultiver et pour le garder d'après les saintes écritures, une expression qui revêt un caractère de parabole au sujet de laquelle nous avions pris le soin d'apporter plus d'éclaircissements dans l'un des précédents chapitres de notre étude.

Ainsi, cet objectif poursuivi par l'Eternel Dieu, celui de cultiver et de garder l'homme qui venait à peine d'être créé et formé en décidant de planter un jardin à Eden où il allait en conséquence le placer, allait nécessiter qu'il mette à la disposition de ce dernier des informations à caractère instructif, lesquelles sont en réalité, des personnes spirituelles ou les deux différentes sagesses réputées pour communiquer sur la personnalité complète et parfaite du Dieu vivant.

<u>Réf bibliques : Genèse : 2 V 8, 15 - 17.</u>

Puis l'Eternel Dieu planta un jardin en Eden, du côté de l'orient, et il y mit l'homme qu'il avait formé.

L'Eternel Dieu prit l'homme, et le plaça dans le jardin d'Eden pour le cultiver et pour le garder.

L'Eternel Dieu donna cet ordre à l'homme : Tu pourras manger de tous les arbres du jardin ;

Mais tu ne mangeras pas de l'arbre de la connaissance du bien et du mal, car le jour où tu en mangeras, tu mourras.

Nous notons à partir donc du contenu des versets ci-dessus qu'un jardin sera effectivement planté par les soins de l'Eternel en Eden où il placera l'homme qu'il avait lui-même formé, et cela dans le but et l'objectif de le cultiver et de le garder, ce qui s'explique par la volonté de Dieu de transmettre à l'homme sa culture laquelle se traduit par l'éducation, la formation, les compétences requises et nécessaires pour se garantir une bonne collaboration et relation entre partenaires, ce que devenaient l'Eternel Dieu et l'homme qu'il avait créé et formé.

L'homme serait docile et soumis avec toute l'attention nécessaire aux instructions données par l'Eternel Dieu, son partenaire de compagne et deviendra finalement le partenaire à l'image et selon la ressemblance de son compagnon qui est à la fois son Maître et Seigneur, et pourquoi pas son patron et son propriétaire ?

Raison d'ailleurs pour laquelle il n'hésitera à mettre à la disposition de l'homme toutes les informations de type et de nature à lui révéler la personnalité de l'Eternel Dieu son créateur, son Seigneur et son Maître.

Et pour rappel, nous avions fait mention au travers de ces différentes instructions des deux grandes sagesses qui traduisent la personnalité indescriptible de Dieu et qui seront connues plutard sous le vocable de la loi.

On notera à cet effet la loi de la liberté encore appelée, la grâce ou la foi et celle de l'interdit communément appelée la loi.

Il faut noter à l'occasion que la loi de la liberté encore appelée la grâce et la foi, sera plutard révélée telle la loi de l'esprit de vie en Jésus-Christ, tandis que celle de l'interdit communément appelée la loi tout court, sera également plutard révélée telle la loi du péché et de la mort, et tout cela avec l'aide éclaireuse et lumineuse du Saint-Esprit.

<u>Réf bibliques : Jean : 1 V 17 ; Romains : 8 V 2.</u>

Car la loi a été donnée par Moïse, la grâce et la vérité sont venues par Jésus-Christ.

En effet, la loi de l'esprit de vie en Jésus-Christ m'a affranchi de la loi du péché et de la mort.

Ainsi se présente le contenu des versets ci-dessus lesquels nous informent sur le détail relatif au sens élargi des deux différentes lois ou la loi de Dieu au profit et au bénéfice de l'homme pour sa bonne croissance et la garantie d'une relation crédible, équilibrée et fructueuse entre l'Eternel Dieu lui-même et l'homme, son sujet et son employé d'admiration.

Mais pendant que nous évoluons dans notre développement, il nous plaît de rappeler à notre lectorat que le statut ministériel de prophète sera le premier par lequel l'Eternel Dieu allait se révéler à l'homme qu'il avait placé à l'intérieur du jardin d'Eden pour que celui-ci par obéissance aux différentes instructions mises à sa disposition, devienne le prophète de Dieu au-devant des différents peuples qui allaient sortir de lui et par lesquels, toute la terre serait remplie.

<u>Réf bibliques : Genèse : 20 V 7 ; Jérémie : 1 V 4 - 7.</u>

Maintenant, rends la femme de cet homme ; car il est prophète, il priera pour toi, et tu vivras.

Mais, si tu ne la rends pas, sache que tu mourras, toi et tout ce qui t'appartient.

La parole de l'Eternel me fut adressée, en ces mots :

Avant que je t'eusse formé dans le ventre de ta mère, je te connaissais, et avant que tu fusses sorti de son ventre, je t'avais consacré, je t'avais établi prophète des nations.

Je répondis, Ah ! Seigneur Eternel !

Voici, je ne sais point parler, car je suis un enfant,

Et l'Eternel me dit : Ne dis pas : Je suis un enfant. Car tu iras vers tous ceux auprès de qui je t'enverrai, et tu diras tout ce que je t'ordonnerai.

Ne les crains point, car je suis avec toi pour te délivrer, dit l'Eternel.

Nous trouvons à partir du contenu des versets ci-dessus lesquels confirment que depuis les premiers jours de l'existence relationnelle de l'homme avec Dieu, le statut de prophète est celui par lequel il allait commencer par qualifier ceux qu'il choisissait par appel pour se consacrer à son service et en priorité pour porter ses messages au-devant des peuples et nations.

Nous avons le cas de Jérémie qu'il prendra le soin d'informer et de le statuer sur ses projets le concernant et cela pour l'intérêt des nations qui seront appelées à recevoir ses différents messages et auprès desquelles celui-ci sera en son temps envoyé.

Un autre cas dont celui du patriarche Abraham, qui d'ailleurs allait exister longuement avant Jérémie sera pris en considération dans notre étude pour mettre la lumière sur le premier regard de l'Eternel Dieu à l'endroit de ceux qui reçoivent la grâce de se retrouver dans ses projets relatifs à l'exercice du ministère divin.

Cependant, puisque le ministère de la prophétie est un don de Dieu au profit de l'homme dans le statut de serviteur ou ministre de Dieu pour recevoir de lui des différents types de messages pour le compte des peuples et des nations, il sera dans l'obligation de l'homme d'avoir en lui la vie de Dieu en prélude à toute éventuelle relation ou collaboration avec celui-ci puisque l'homme disposait effectivement d'un souffle de vie lequel alimentait sa chair et le maintenait à égalité avec les animaux et les bêtes des champs.

Il s'agira du souffle de la respiration scientifiquement reposant sur l'air oxigené qui effectue le mouvement entre les narines et les poumons de toute chair.

<u>Réf bibliques : Genèse : 1 V 30 ; 2 V 7.</u>

Et tout animal de la terre, à tout oiseau du ciel, et à tout ce qui se meut sur la terre, ayant en soi un souffle de vie, je donne toute herbe verte pour nourriture. Et cela fut ainsi.

L'Eternel Dieu forma l'homme de la poussière de la terre, il souffla dans ses narines un souffle de vie et l'homme devint un être vivant.

Nous notons à partir du contenu des versets ci-dessus des informations qui établissent le caractère vital qu'il y a de commun entre l'homme et les animaux de toute espèce et qui repose en premier lieu sur le souffle de vie indispensable pour alimenter, animer et mouvoir toute chair portant en elle, une âme.

On parle de la vie charnelle ou terrestre laquelle d'ailleurs, met à égalité, et l'homme et les animaux, le bétail, les reptiles, pour ne citer que ceux-là, et qui est soumise au pouvoir de la mort physique ou scientifique.

Cependant, il va exister un autre type de vie supérieur au précédent et qui élève l'homme au-dessus de tout ce qui est de l'ordre des animaux et approuvé de la science.

Ce type de vie sera spirituelle et proviendra, non d'un souffle d'air oxigené qui emprunte la voie des narines, mais plutôt de certaines informations de source divine et qui empruntent la voie des oreilles pour atterrir au cœur de l'homme lequel fait office du siège de l'esprit de l'homme.

Et c'était l'objectif de l'Eternel Dieu qui après avoir créé et formé l'homme qui déjà avait en lui le souffle de vie pour devenir un être vivant, alla le placer à l'intérieur du jardin d'Eden et mît à sa disposition un nombre d'informations à caractère instructif afin que par obéissance à elles, l'homme puisse devenir effectivement l'être vivant fait à l'image et selon la ressemblance de Dieu son créateur.

C'est le lieu de rappeler le caractère prophétique de toute déclaration ou parole qui sort de la bouche de l'Eternel Dieu et à laquelle s'impose une première phase qui est annonciatrice et une seconde phase qui correspond à l'accomplissement de ce qui était précédemment annoncé.

Ainsi, la déclaration selon laquelle l'homme avait été créé à l'image et selon la ressemblance de Dieu était limitée à la phase de l'annonce prophétique et devra entrer dans la phase d'accomplissement à partir de l'observation correcte et rigoureuse des instructions mises à sa disposition à l'intérieur du jardin d'Eden.

<u>Réf bibliques : Genèse : 1 V 26 - 27 ; 2 V 16 - 17.</u>

Puis Dieu dit : Faisons l'homme à notre image et selon notre ressemblance, et qu'il domine sur les poissons de la mer, sur les oiseaux du ciel, sur le bétail, sur toute la terre et sur tous les reptiles qui rampent sur la terre.

Dieu créa l'homme à son image, il créa l'homme à l'image de Dieu, il créa l'homme et la femme.

L'Eternel Dieu donna cet ordre à l'homme : Tu pourras manger de tous les arbres du jardin ;

Mais tu ne mangeras pas de l'arbre de la connaissance du bien et du mal, car le jour où tu en mangeras, tu mourras.

Par référence au contenu des versets ci-dessus, nous trouvons que l'homme qui d'après les saintes écritures était déclaré, créé à l'image et selon la ressemblance de Dieu, recevra des soins de son créateur une forme physique et pour des raisons d'avenir, placé à l'intérieur du jardin d'Eden.

Mais là, il allait se retrouver dans un environnement composé de plusieurs d'autres choses lesquelles lui imposent, la collaboration et le contact physique.

Et pour lui faciliter cette nouvelle vie impliquant aussi sa bonne croissance en vue de la gestion efficiente des jours à venir, certaines informations à caractère instructif seront mises à sa disposition lesquelles exigeaient de lui une certaine approche de politesse.

Toutefois, ce qui allait plus nous intéresser dans cet environnement de végétation où il avait été placé, était la présence de deux différents types d'arbres au sujet desquels il avait même été instruit.

<u>**Réf bibliques : Genèse : 2 V 8 - 9.**</u>

Puis l'Eternel Dieu planta un jardin en Eden, du côté de l'orient, et il y mit l'homme qu'il avait formé.

L'Eternel Dieu fit pousser du sol des arbres de toute espèce, agréables à voir et bons à manger, et l'arbre de la vie au milieu du jardin, et l'arbre de la connaissance du bien et du mal.

Ainsi se présente le contenu des versets ci-dessus lesquels témoignent de la démarche objective de l'Eternel Dieu envers l'homme, celle d'apprêter et de mettre à sa disposition des conditions d'adaptation de vie terrestre, suivie des notions de lois et des règles impliquant le mode de vie qui s'impose à lui.

Ce qui allait d'avantage nous intéresser est la mention faite sur les deux différents types d'arbres au milieu des multitudes qui composent ledit jardin.

On parlera de l'arbre de vie et celui de la connaissance du bien et du mal, lequel se situera au milieu du jardin planté en Eden où l'homme avait été placé.

Mais pour ce qui nous concerne, il sera constaté que l'Eternel Dieu, après avoir placé l'homme à l'intérieur dudit jardin, ne pointera la liberté de celui-ci que par rapport à l'arbre de la connaissance du bien et du mal, et ne lui dira rien de particulier sur l'arbre de vie malgré la proximité existentielle entre ces deux arbres.

Et pour rappel, il lui sera fait mention en premier lieu de sa liberté à l'endroit de tous les arbres portant du fruit et présents dans le jardin où il était placé.

Cependant, un interdit surgira en avertissement à l'homme et concernera l'arbre de la connaissance du bien et du mal dont le refus de la prise en considération lui causerait la mort.

Et, nous avions précédemment démontré que ces deux différentes informations sur lesquelles l'homme avait été instruit correspondaient ou traduisaient les deux sagesses qui communiquent sur la personnalité complète de Dieu.

Les choses étant en l'état, la question est de chercher à connaître les motivations de l'Eternel Dieu de procéder de manière à ne faire aucune mention particulière en direction de l'arbre de vie quoique bien présent, et d'ailleurs occupant la même zone à l'intérieur du jardin que l'arbre de la connaissance du bien et du mal.

En réponse à cette interrogation, nous trouvons que l'homme qui avait été créé, formé pour devenir un être vivant parce qu'ayant en lui le souffle de vie et placé à l'intérieur du jardin, manquait d'une autre dimension de vie laquelle se révélera plutard supérieure à la première parce que concernant l'esprit de l'homme et qui se trouverait dans la consommation du fruit de l'arbre de vie et par cela reste prioritaire pour l'évolution dans les normes du processus de croissance spirituelle réservé à l'homme.

Mais avant de continuer dans notre développement, il importe de constater que l'Eternel Dieu avait commencé par montrer à l'homme qu'il visitait de temps à autre dans le jardin, son concept et sa définition de l'exercice du ministère divin lequel à priori s'identifiait en celui du prophète.

<u>Réf bibliques : Genèse : 3 V 8 - 9 ; 1 Samuel : 3 V 4 - 10.</u>

Alors ils entendirent la voix de l'Eternel Dieu, qui parcourait le jardin vers le soir, et l'homme et sa femme se cachaient loin de la face de l'Eternel Dieu, au milieu des arbres du jardin.

Mais l'Eternel Dieu appela l'homme, et lui dit : Où es-tu ?

Alors l'Eternel appela Samuel. Il répondit : Me voici !

Et il courut vers Eli, et dit : Me voici, car tu m'as appelé. Eli répondit : Je n'ai point appelé ; retourne te coucher. Et il alla se coucher.

L'Eternel appela de nouveau Samuel. Et Samuel se leva, alla vers Eli, et dit : Me voici, car tu m'as appelé. Eli répondit : Je n'ai point appelé, mon fils, retourne te coucher.

Samuel ne connaissait pas encore l'Eternel, et la parole de l'Eternel ne lui avait pas encore été révélée.

L'Eternel appela de nouveau Samuel, pour la troisième fois. Et Samuel se leva, alla vers Eli, et dit : Me voici, car tu m'as appelé. Eli comprit que c'était l'Eternel qui appelait l'enfant.

Et il dit à Samuel : Va, couche-toi ; et si l'on t'appelle, tu diras : Parle, Eternel car ton serviteur écoute. Et Samuel alla se coucher à sa place.

L'Eternel vint et se présenta, et il appela comme les autres fois : Samuel, Samuel ! Et Samuel répondit : Parle, car ton serviteur écoute.

A partir donc du contenu des versets ci-dessus, nous découvrons la démarche ministérielle de l'Eternel Dieu envers l'homme pour la définition de sa relation avec celui-ci.

En effet, les premières lignes de nos différents versets révèlent que c'est l'Eternel lui-même qui allait entreprendre en prenant la responsabilité de se lever de son majestueux trône pour se déplacer et aller vers l'homme, qui pour la circonstance étaient avec sa femme tous présents à l'intérieur du jardin d'Eden.

Il sera souligné que la voix de l'Eternel parcourait un soir le jardin à la recherche de l'homme qui de son côté, allait avec sa femme se cacher loin de la face de l'Eternel.

L'Eternel Dieu, à qui rien ne saurait indéfiniment se cacher, avait fini par les avoir, et cela nous indique au passage que depuis les premiers jours de la présence de l'homme dans le jardin, l'Eternel Dieu se donnait le devoir de le visiter régulièrement et aux temps qu'il s'était fixé de sa propre autorité et jamais l'inverse.

Ainsi, l'Eternel Dieu n'allait au grand jamais autoriser ou permettre à l'homme d'entreprendre une quelconque tentative de lui rendre visite pour quelque soit la préoccupation, mais c'est plutôt lui en vue des enjeux des circonstances assumait sa responsabilité, celle d'abandonner presque toute sa dignité pour descendre au chevet de l'homme et de sa femme lesquels en l'état devraient être raisonnablement pris pour des enfants afin de veiller à prendre soin d'eux puisque leur bonne croissance en dépendait.

Nous avons en référence un autre exemple faisant partir du contenu desdits versets et ce sera celui du jeune Samuel, qui à l'époque était auprès du prête ou le sacrificateur Eli, lui qui exerçait les fonctions de juge à la tête du peuple d'Israël.

L'Eternel Dieu, égal à lui-même, devra manifester la volonté d'élever un nouveau prophète en remplacement du sacrificateur Eli, et qu'il identifiera en la personne du jeune Samuel.

En considération de sa souveraineté, il n'aura pas à consulter qui que ce soit avant d'opérer son choix et de le porter sur ce dernier, qui déjà était en service auprès du vieux sacrificateur Eli.

L'Eternel Dieu procédera de la même manière et sa voix tonnera aux oreilles du jeune homme en guise d'appel à son profit pour l'exercice du ministère divin.

Nous trouvons que d'un exemple à un autre, c'est l'Eternel Dieu qui se lèvera pour aller vers l'homme et n'a jamais demander à celui, même pas une seule fois et sous un quelconque prétexte de venir à lui pour se faire instruire de ses commissions.

Et ce sera le sens d'orientation de l'Eternel Dieu pour ce qui concerne le mode de fonctionnement lié à la profession du ministère prophétique impliquant sa personne et son choix personnel.

Ainsi, pour ce qui concerne le cas d'Adam, l'Eternel Dieu se lèvera et se déplacera lui-même pour aller périodiquement auprès de l'homme afin de s'entretenir avec lui, et le cas du jeune Samuel ne sera pas différent du premier en exemple.

C'est en guise de cette volonté manifeste du Dieu Tout-puissant de faire parvenir à l'homme sa voix laquelle fait office des différents messages par lesquels il souhaite informer, avertir ou prévenir un quelconque individu ou son peuple en faveur de qui il a toujours fait preuve de sa fidélité et de sa jalousie.

<u>Réf bibliques : Exode : 3 V 7 - 8.</u>

L'Eternel dit : J'ai vu la souffrance de mon peuple qui est en Egypte, et j'ai entendu les cris que lui font pousser ses oppresseurs, car je connais ses douleurs.

Je suis descendu pour le délivrer de la main des égyptiens , et pour le faire monter de ce pays dans un bon et vaste pays, dans un pays où coulent le lait et le miel, dans les lieux qu'habitent les Cananéens, les Héthiens, les Amoréens, les Phéréziens, les héviens et les Jébusiens.

Ainsi, du contenu des versets ci-dessus, nous trouvons que la démarche de l'Eternel Dieu est demeurée la même tant en direction de l'individu que celle de son peuple pour ce qui concerne ces différents projets au profit de ceux-ci.

Plusieurs d'autres exemples peuvent faire objet de contribution à de telle remarque concernant la démarche de l'Eternel Dieu cependant, nous jugeons juste et suffisant ces quelques uns le temps d'évoluer dans notre développement.

Mais pour ce qui concerne le choix de l'Eternel Dieu d'impliquer ses deux différentes sagesses à savoir la loi de la liberté communément appelée la grâce ou la foi et celle de l'interdit communément appelée la loi respectivement représentées par les arbres de vie et de la connaissance du bien et du mal dans sa démarche à enrouler des serviteurs de type de prophète dans son ministère, il convient de souligner que d'après le plan vital de Dieu pour l'homme, la consommation des fruits de l'arbre de vie devrait précéder celle des fruits de l'arbre de la connaissance du bien et du mal.

Et c'est le lieu de porter à la connaissance de notre lectorat que l'homme créé, formé et placé à l'intérieur du jardin d'Eden n'était jusque-là différent des animaux ayant en eux le souffle de vie et du sang qui coule dans leurs veines quoique disposant des traits caractéristiques d'image et de la ressemblance avec Dieu son créateur.

Cependant, il lui faudra se nourrir de l'arbre de vie pour activer son esprit lequel est le lieu de définition par excellence de sa relation avec l'Eternel Dieu, son créateur, son Seigneur, son partenaire et son employeur c'est à dire son Maître et Directeur.

L'arbre de vie, c'est Jésus-Christ, c'est le Fils unique qui est dans le Père et forme non seulement une unicité avec le Père mais par qui le Père s'était révélé aux hommes ou au monde.

<u>Réf bibliques : Jean : 1 V 18 ; 3 V 13 ; 14 V 7, 10 - 11.</u>

Personne n'a jamais vu Dieu ; le Fils unique, qui est dans le sein du Père, est celui qui l'a fait connaître.

Personne n'est monté au ciel, si ce n'est celui qui est descendu du ciel, le Fils de l'homme qui est dans le ciel.

Si vous me connaissiez, vous connaîtriez aussi mon Père. Et dès maintenant vous le connaissez, et vous l'avez vu.

Ne crois-tu pas que je suis dans le Père, et que le Père est en moi ?

Les paroles que je vous dis, je ne les dis pas de moi-même ; et le Père qui demeure en moi, c'est lui qui fait les œuvres.

Croyez-moi, je suis dans le Père, et le Père est en moi ; croyez du moins à cause de ces œuvres.

Nous notons à partir du contenu des versets ci-dessus, lesquels témoignent sur le seigneur et sauveur Jésus-Christ qui en vérité, est l'image parfaite et réelle du Dieu invisible, envoyée dans le monde pour servir de preuve à ce Dieu dont les hommes avaient tout le temps parlé et prétendre adorer sans jamais parvenir le connaître.

Il aura ainsi pour mission entre autres de convaincre les croyants et de les persuader à se détourner de la voie de perdition révélée au travers de la justice qui vient de la loi de Moïse qu'ils avaient empruntée et qu'ils avaient héritée de leurs pères, pour la connaissance de la véritable voie, celle approuvée par le Père laquelle consiste à le suivre en tant : que le chemin, la vérité et la vie sans quoi nul ne peut aller au Père.

Mais revenant à notre chapitre, il faut souligner que la consommation du fruit de l'arbre de vie donnera à l'homme de partager la nature de Dieu et confirmer l'image et la ressemblance de l'homme avec Dieu.

La consommation de l'arbre de vie correspond à l'expérience de la plénitude du Saint-Esprit laquelle est la preuve de la présence du cet Esprit en l'homme pour le conduire et l'amener à faire non sa volonté personnelle mais celle de celui qui l'a enroulé c'est à dire son Seigneur et son Dieu, et cela en souvenir que l'homme avait été créé avec le libre-arbitre.

L'Eternel Dieu voulant ainsi que l'homme ait le contrôle de son cœur lequel fait office du siège ou domaine de son esprit lequel avait besoin de se nourrir de l'arbre de vie pour avoir la vie et cela afin d'acquérir par ce processus la capacité de seigneur et de leader pour contrôler et conduire avec efficacité son âme laquelle correspond à son domaine animal où siègent les émotions, les sentiments et les sensations diverses pour ne citer que celles-là et pour qui en principe était réservée la consommation de l'arbre de la connaissance du bien et du mal.

C'est le lieu de rappeler que l'Eternel Dieu avait créé l'homme de manière à ce que celui-ci dépende de lui à partir de son esprit et par lui, reçoit le pouvoir ou la capacité d'assumer sa pleine responsabilité de chef vis à vis de l'âme, laquelle en réalité constitue la partie de l'homme réservée pour la vie terrestre ou sous le soleil.

L'Eternel Dieu, en bon responsable et bien structuré dans sa démarche décidera de n'avoir de relation directe avec l'âme de l'homme, mais plutôt avec son esprit, comme seul et unique canal de communication pour entretenir une quelconque relation avec ce dernier.

La consommation de l'arbre de vie permettra à l'homme d'accueillir en son cœur et en son sein la présence de l'Eternel son Dieu et deviendra par cela, l'habitation de Dieu en esprit ou le temple de Dieu et jouira pleinement de tous les attributs de leader dont il était doté à la phase de sa création.

<u>Réf bibliques : Jean : 6 V 47 - 48, 50 - 51, 53 ; Apocalypse : 2 V 7 ; 22 V 14.</u>

En vérité, en vérité, je vous le dis, celui qui croit en moi à la vie éternelle.

Je suis le pain de vie.

C'est ici le pain qui descend du ciel, afin que celui qui en mange ne meure point.

Je suis le pain vivant qui est descendu du ciel. Si quelqu'un mange de ce pain, il vivra éternellement ; et le pain que je lui donnerai, c'est ma chair, que je donnerai pour la vie du monde.

Jésus leur dit : En vérité, en vérité, je vous le dis, si vous ne mangez la chair du Fils de l'homme, et si vous ne buvez son sang, vous n'avez point la vie en vous-même.

Que celui qui a des oreilles entende ce que l'Esprit dit aux églises :

A celui qui vaincra je donnerai à manger de l'arbre de vie, qui est dans le paradis de Dieu.

Heureux ceux qui lavent leurs robes, afin d'avoir droit à l'arbre de vie, et d'entrer par les portes dans la ville !

Nous notons à partir du contenu des versets ci-dessus lesquels témoignent de l'identité du seigneur et sauveur Jésus-Christ dont la figure autrefois à l'intérieur du jardin d'Eden était l'arbre de vie, comme nous l'avions précédemment démontré.

Il ne s'arrêtera juste à ces quelques explications, mais poussera davantage le bouchon pour signifier que ce pain était même sa chair, laquelle provenait de son corps livré en rançon pour le péché du monde et reste indispensable pour donner la vie éternelle à quiconque la consomme.

Il faut ajouter que de tel pain ne se mange à la manière animalière c'est à dire par la bouche comme c'est le mode d'alimentation des hommes, mais plutôt par les oreilles.

Bien sûr que oui ! Ce type de pain réputé pour donner la vie à tout consommateur, emprunte la voie des oreilles pour atterrir non dans l'estomac, mais plutôt au cœur où siège l'esprit de tout homme ou croyant.

Et c'est pareil pour les deux différents arbres mentionnés dans les saintes écritures et étaient indiqués, présents au milieu du jardin d'Eden où l'homme avait été objectivement placé par l'Eternel son Dieu son créateur.

Et comme nous l'avions précédemment évoqué, ce pain sera qualifié de la foi et sera reconnu inconditionnel pour que le croyant soit agréable à Dieu.

<u>Réf bibliques : Romains : 10 V 17 ; Hébreux : 11 V 6.</u>

Ainsi, la foi vient de ce qu'on entend, et ce qu'on entend vient de la parole de Christ.

Or, sans la foi, il est impossible de lui être agréable, car il faut que celui qui s'approche de Dieu, croie que Dieu existe et qu'il est le rémunérateur de ceux qui le cherchent.

Le contenu des versets ci-dessus est la preuve que la foi étant l'autre nom du seigneur et sauveur Jésus-Christ et plus précisément, la chair de celui-ci comme pain à manger pour avoir la vie éternelle c'est à dire la vie de Dieu en soi.

Ce qu'à travers le développement ci-dessus nous confirme que l'homme créé, formé, animé par le souffle de vie et placé des soins de l'Eternel Dieu son créateur à l'intérieur du jardin d'Eden n'avait pas la vie de son créateur, laquelle est éternelle et indispensable pour assurer la relation de l'homme avec Dieu, raison d'ailleurs non seulement de la présence de l'arbre de vie à l'intérieur du jardin, mais de plus, le libre accès de l'homme à son égard.

Ainsi, l'Eternel Dieu, en vue de son projet de marche relationnelle et ministérielle avec l'homme allait vouloir que celui-ci découvre en premier lieu et de lui-même la vie éternelle ou de son créateur par son libre accès à l'arbre de vie pour le consommer et se faisant accède à la dimension d'éternité et d'immortalité de Dieu, son partenaire et son maître.

Réf bibliques : Genèse : 3 V 22 ; 6 V 3.

L'Eternel Dieu dit : Voici, l'homme est devenu comme l'un de nous pour la connaissance du bien et du mal. Empêchons-le maintenant d'avancer sa main, de prendre l'arbre de vie, d'en manger et de vivre éternellement.

Alors l'Eternel dit : Mon esprit ne restera pas à toujours dans l'homme, car l'homme n'est que chair et ses jours seront que de cent vingt ans.

Du contenu des versets ci-dessus, nous découvrons quelques rapports de l'Eternel Dieu sur la vie de l'homme au sujet de qui il nourrissait de grands projets d'avenir, mais qui par manque de la maîtrise de soi, allait emprunter autre chemin que celui sur lequel son Maître et Seigneur tentait de le mettre.

En effet, il fera preuve de légèreté à l'égard des instructions mises à sa disposition par l'Eternel Dieu pour sa bonne croissance, celle en statut et en sagesse, et se laissera séduire par le malin dans la figure du serpent lequel avait réussi à trainer par ruse la femme dans la désobéissance et par elle, l'homme.

Ainsi, le diable, par vengeance au sort qu'il avait subi comme conséquence de sa flagrante rébellion contre l'autorité de Dieu, allait menacer de s'en prendre à la terre et à la mer pour y déverser sa colère.

Oui ! Il n'allait pas digérer le sort qui lui avait été réservé malgré son acte éhonté de rébellion et s'engagera par la menace de faire capoter le projet de Dieu en direction de la terre où un monde nouveau et séparé de celui de Dieu est en gestation.

<u>Réf bibliques : Apocalypse : 12 V 12.</u>

C'est pourquoi, réjouissez-vous cieux et vous qui habitez les cieux. Malheur à la terre et à la mer !

Car le diable est descendu vers vous, animé d'une grande colère sachant qu'il a peu de temps.

Et voilà en peu de mots et à partir du contenu des versets ci-dessus, ce qu'on pouvait retenir des menaces qui pesaient et sur la terre, et sur la mer depuis la rébellion de lucifer contre l'autorité de l'Eternel Dieu son créateur, ce qui mettait l'homme au premier plan de ses cibles à atteindre et des sujets à nuire dans l'intention de causer du tort à Dieu en réponse au revers qu'il avait subi.

Il faut souligner que lucifer réussira à atteindre son objectif sur la vie de l'homme en le sortant par usage de ruse et séduction du plan directionnel de l'Eternel Dieu cependant, l'intérêt de notre chapitre ne se retrouvera pas avec cet aspect des choses lesquelles risquent de nous éloigner de notre objectif.

Ainsi, pour ce qui concerne l'étude du chemin de Dieu pour l'exercice du ministère, il convient de retenir au primo que l'Eternel Dieu de la plénitude de sa sagesse n'a jamais voulu que l'homme, dans son état c'est à dire sans la vie éternelle ou de Dieu monte vers lui pour une quelconque tentative de satisfaction d'un besoin qu'il éprouvait.

Mais que celui-ci reste docile et tranquille à l'endroit où il avait été placé et attendre que son créateur, son Seigneur, son partenaire, son Maître, au vue des risques liés à la croissance, vienne et revienne au tant de fois que possible pour lui apporter les choses qu'il juge nécessaires et utiles en réponse à ses besoins de l'heure.

Ainsi, le plan relationnel de l'Eternel Dieu au profit du prophète consiste à ce que celui-ci apprenne à rester attentif et prêter une bonne écoute aux différents messages et informations dont son Maître et Seigneur lui changera de les transmettre à qui de droit et ne aller en sens inverse pour une raison de quelque nature qu'elle soit ou par un prétexte quelconque.

C'est le lieu de rappeler que cette attitude de bonne écoute et d'une bonne attention de l'homme envers Dieu passe par sa connaissance de la vie de Dieu laquelle repose sur la consommation de l'arbre de vie présent au milieu du jardin où il avait été objectivement placé.

Raison d'ailleurs pour laquelle, le Seigneur Dieu allait veiller effectuer inlassablement de déplacement vers l'homme pour des visites périodes, une manière de lui apprendre et lui faire comprendre que le processus est à sens unique et provient du Maître et Seigneur à destination du ministre ou le prophète.

Et nous aurions ainsi terminé avec le chapitre relatif à l'étude du chemin de Dieu pour l'exercice du ministère, et dans le cas d'espèce, le ministère prophétique.

Chapitre : 5

Etude du chemin de l'homme pour l'exercice du ministère.

Nous commençons le chapitre que voici par rappel que l'Eternel Dieu, créateur de l'univers tout entier, avait objectivement créé l'homme et l'avait placé dans un jardin en Eden pour à priori l'équiper à partir des connaissances données afin de l'admir dans une relation ministérielle celle de faire de lui son prophète c'est à dire son messager aux oreilles des peuples et des nations.

Et pour rappel, il prendra la décision souveraine de créer un être vivant de type exceptionnel appelé homme avec qui il décidera de partager ses traits caractéristiques d'image et de ressemblance et cela par privilège sur toutes ses multitudes et diverses œuvres.

<u>Réf bibliques : Genèse : 1 V 26 - 27.</u>

Puis Dieu dit : Faisons l'homme à notre image, selon notre ressemblance, et qu'il domine sur les poissons de la mer, sur les oiseaux du ciel, sur le bétail, sur toute la terre, et sur tous les reptiles qui rampent sur la terre.

Dieu créa l'homme à son image, il créa l'homme à l'image de Dieu, il créa l'homme et la femme.

Et voici en contenu détaillé tiré des versets ci-dessus, ce que la puissante main et le puissant bras de l'Eternel a fait et réalisé en réponse à l'un des divers besoins qu'il avait éprouvés après l'acte de rébellion de lucifer à l'égard du trône ou le pouvoir de sa Majesté, le Dieu Tout-puissant.

Mais pendant que nous évoluons dans notre développement, il importe de rappeler que l'homme créé, formé et placé à l'intérieur du jardin d'Eden par les soins de l'Eternel Dieu disposait de deux domaines essentiels de vie dont l'esprit et l'âme, et les deux enveloppés d'un corps physique.

C'est aussi le lieu de souligner que l'esprit représente le domaine de l'homme qui avait été créé et portait tous les attributs et disposition d'image et de ressemblance avec Dieu, tandis que l'âme constitue celui de l'homme qui avait été formé.

On parlera de l'homme formé à partir de la poussière et qui recevra au travers des narines un souffle de vie pour devenir un être vivant, un niveau d'existence qui le met à égalité avec tout animal disposant d'une âme et du sang qui coule dans les veines.

<u>Réf bibliques : Genèse : 2 V 7, 19.</u>

L'Eternel Dieu forma l'homme de la poussière de la terre, il souffla dans ses narines un souffle de vie et l'homme devint un être vivant.

L'Eternel Dieu forma de la terre tous les animaux des champs et tous les oiseaux du ciel, et il les fit venir vers l'homme, pour voir comment il les appellerait, et afin que tout être vivant portât le nom que lui donnerait l'homme.

Ainsi se présente en contenu détaillé les versets ci-dessus au travers desquels nous trouvons la preuve que l'homme partage un domaine de vie commune avec les animaux et plus précisément avec tout être vivant ayant en lui une âme et du sang qui coule dans ses veines.

Il faut ajouter que ce domaine de vie de l'homme qualifié d'animal correspond à sa personne terrestre et fait office de son domaine des sensations diverses, des émotions et des sentiments pour ne citer que celles-là.

<u>Réf bibliques : 1 Corinthiens : 2 V 14.</u>

Mais l'homme animal ne reçoit pas les choses de l'Esprit de Dieu, car elles sont une folie pour lui, et il ne peut les connaître, parce que c'est spirituellement qu'on en juge.

A partir donc du contenu du verset ci-dessus nous trouvons la qualification de l'homme limité à la vie de l'âme, et comme nous le disions tantôt, ne sera pas différent des animaux.

Cependant, puisque c'est l'homme autrefois, encore présent à l'intérieur du jardin d'Eden et resté à l'étape de la chair qui nous intéresse, il faut rappeler que celui-ci faisant objet de préoccupation particulière pour Dieu, celle d'être engagé dans une relation plus ou moins professionnelle ou ministérielle avec Dieu pour lui servir de prophète aux oreilles de ceux qui seront appelés dans les jours à venir à recevoir des messages de salut de Dieu leur créateur et sauveur.

L'homme devra être placé à l'intérieur d'un jardin en Eden et soumis à l'observation de certaines informations à caractère instructif lesquelles étaient apprêtées pour le préparer à connaître une croissance conformément à la volonté de Dieu son créateur.

On parlera des différentes lois ou sagesses de Dieu lesquelles communiquent sur la personnalité complète de celui-ci et serviront également à confirmer en lui l'identité selon laquelle, il partagerait l'image et la ressemblance avec Dieu, son créateur.

<u>Réf bibliques : Genèse : 2 V 15 - 17.</u>

L'Eternel Dieu prît l'homme, et le plaça dans le jardin d'Eden pour le cultiver et pour le garder.

L'Eternel Dieu donna cet ordre à l'homme : Tu pourras manger de tous les arbres du jardin, mais tu ne mangeras pas de l'arbre de la connaissance du bien et du mal, car le jour où tu en mangeras tu mourras.

Et c'est là en contenu détaillé ce que le bras de l'Eternel allait accomplir conformément au projet relationnel qu'il nourrissait avoir avec l'homme qu'il avait sagement placé dans le jardin d'Eden.

Et pour rappel, nous avions souligner que les deux différentes instructions données et soumises à l'observation de l'homme correspondaient aux deux lois ou sagesses qui communiquent sur la personnalité complète de l'Eternel Dieu.

On parlera de la loi de la liberté communément appelée la grâce ou la foi et celle de l'interdit communément appelée la loi ou la loi du péché.

La première en liste aura pour mission par sa consommation de conduire l'homme à obtenir la vie éternelle ou la vie de Dieu, ce qui le rattache à ce Dernier pour l'expérience d'une vie supérieure à celle des animaux et fera également de lui, le temple de Dieu ou l'habitation de Dieu en esprit.

Il sera en son temps appelé homme spirituel et qualifié pour marcher avec Dieu et même avec dignité de le représenter parce que ayant désormais en lui son Esprit.

<u>Réf bibliques : 1 Corinthiens : 2 V 11, 15 ; 3 V 16 ; Ephesiens : 2 V 22.</u>

Lequel des hommes, en effet, connaît les choses de l'homme si ce n'est pas l'esprit de l'homme qui est en lui ?

De même, personne ne connaît les choses de Dieu si ce n'est l'Esprit de Dieu

L'homme spirituel, au contraire, juge de tout, et il n'est lui-même jugé par personne.

Ne savez-vous pas que vous êtes le temple de Dieu, et que l'Esprit de Dieu habite en vous ?

En lui, vous êtes aussi édifiés pour être une habitation de Dieu en Esprit.

Et voilà en contenu détaillé tout ce que la consommation de l'arbre de vie ou la loi de la liberté, communément appelée la grâce ou la foi est sensée faire de l'homme pour que celui-ci devienne l'accomplissement de la prophétie selon laquelle il avait été créé à l'image et selon la ressemblance de Dieu son créateur.

Il ne sera pas un petit Dieu, mais plutôt Dieu lui-même en forme ou corps physique puisqu'il serait descendu et présent en permanence dans l'homme pour conduire le monde terrestre.

Mais il sera constaté que dans ces conditions de croissance où l'homme était appelé à connaître son Dieu et à travers celui-ci, lui-même, un évènement plus ou moins imprévisible allait se produire et l'homme sera amené à se retrouver hors de la ligne de croissance que l'Eternel Dieu son créateur et son propriétaire lui avait tracée.

On parlera de l'avènement du péché, ce qui allait se produire par le choix délibéré de l'homme à faire allégeance à une autre voix que celle de celui qui l'avait placé à l'intérieur du jardin d'Eden.

Ainsi l'homme fera la connaissance du péché par le biais de sa femme, qui pour avoir prêté oreilles attentives aux informations de séduction et de ruse que lucifer dans la figure du serpent avait objectivement mises à sa disposition.

<u>Réf bibliques : Genèse : 3 V 4 - 6 ; 3 ; 1 Timothée : 2 V 13 - 14.</u>

Alors le serpent dit à la femme :

Vous ne mourrez point ;

Mais Dieu sait que le jour où vous en mangerez, vos yeux s'ouvriront et vous serez comme des dieux connaissant le bien et le mal.

La femme vit que l'arbre était bon à manger et agréable à la vue, et qu'il était précieux pour ouvrir l'intelligence ; elle prit de son fruit, et en mangea ; elle en donna aussi à son mari, qui était auprès d'elle, et il en mangea.

Car Adam a été formé le premier, Eve ensuite ;

Et ce n'est pas Adam qui a été séduit, c'est la femme qui, séduite, s'est rendue coupable de transgression.

Ainsi se présente en contenu détaillé le rapport sur l'acte de la transgression de l'ordre de Dieu par l'homme reconnu par la loi.

Ce qui allait commencer par la femme, qui une fois convaincu de son dévolu, allait pousser son mari auprès de qui elle était, à emprunter le même chemin pour finalement se retrouver tous hors du cadre directionnel mis en place à leur profit par l'Eternel leur Dieu, leur créateur.

Cependant, il importe de souligner que les mots sur lesquels le diable marchera pour s'assurer de la réussite de son projet sur l'homme qu'il prenait pour sa cible, étaient, l'envi ou le désir de devenir des dieux pour la connaissance du bien et du mal.

Il allait essayer avec succès de convaincre la femme sur le manque de sincérité de l'Eternel Dieu leur créateur à leur égard, et en retour la persuader d'emprunter une autre voie laquelle allait en contre sens à celle indiquée par leur Seigneur et Dieu.

Elle et son mari, convaincus de la proposition du malin quoiqu'ils ne disposaient pas encore à ce stade de leurs vies, la capacité intellectuelle et spirituelle suffisantes pour assumer la responsabilité d'un engagement de si haute portée.

Ils auront finalement opéré leur choix, et se faisant, auront transgressé l'ordre établi par leur créateur et leur Dieu.

On parlera plutard de la connaissance du péché de l'homme et sa désobéissance envers Dieu, ce qui ne restera pas sans conséquence.

Mais pour ce qui nous concerne, il importe de rappeler que les deux différentes lois ou sagesses de Dieu à savoir : la loi de la liberté, communément appelée la grâce ou la foi et celle de l'interdit, communément appelée la loi ou la loi du péché étaient respectivement destinées, l'une pour la dimension spirituelle de l'homme et l'autre pour celle charnelle et auront chacune en ce qui le concerne, des caractéristiques spécifiques.

Mais en attendant de continuer le développement, il faut ajouter que ces deux lois constituent des personnes de Dieu, chargées d'enseigner et d'éduquer l'homme conformément à leurs domaines de définitions spécifiques.

Réf bibliques : Galates : 3V 24 - 25 ; Tite : 2 V 11 - 12.

Ainsi, la loi a été comme un pédagogue pour nous conduire à Christ, afin que nous fussions justifiés par la foi.

La foi étant venue, nous ne sommes plus sous ce pédagogue.

Car la grâce de Dieu, source de salut pour tous les hommes, a été manifestée.

Elle nous enseigne à renoncer à l'impiété et aux convoitises mondaines, et à vivre dans le siècle présent selon la sagesse, la justice et la piété...

Ainsi, se présente le contenu des versets ci-dessus lesquels témoignent de la nature des lois et leurs rôles respectifs au profit de l'homme, selon le projet et l'objectif de Dieu en faveur de ce dernier.

Et comme nous le disions tantôt, les deux lois seront dans le rôle d'éducateur et d'enseignant habilité pour la bonne croissance de l'homme et seront habilité à s'occuper des domaines spécifiques de la vie de l'homme.

On aura à cet effet, fait mention du type d'hommes qui sont concernés par la loi, sachant que la foi, quant à elle, se chargera de l'homme spirituel.

Réf bibliques : 1 Timothée : 1 V 7 - 11.

Ils veulent être docteurs de la loi, et ils ne comprennent ni ce qu'ils disent, ni ce qu'ils affirment.

Nous n'ignorons pas que la loi est bonne, pourvu qu'on en fasse un usage légitime.

Sachant bien que la loi n'est pas faite pour les justes, mais pour les méchants et les rebelles, les impies et les pécheurs, les irréligieux et les profanes, les parricides, les meurtriers.

Les impudiques, les infâmes, les voleurs d'hommes, les menteurs, les pajures et tout ce qui est contraire à la saine doctrine, conformément à l'Evangile de la gloire de Dieu bienheureux, Evangile qui m'a été confié.

Et voilà en contenu détaillé tout ce qui fait objet des attributs de la loi de l'interdit ou du péché et ceux à qui elle est destinée simplement parce que ceux-ci seront considérés presque de même égalité qu'aux animaux et seront qualifiés d'hommes charnels ou animals parce que, évoluant avec la conscience du péché et l'esprit demeuré dans un état de mort, c'est à dire privé de la vie de Dieu.

Les écrits diront par référence au contenu ci-dessus que ceux qui figurent sur la liste présentée par ledit contenu veulent devenir docteurs de la loi et ainsi ne comprennent ni ce qu'ils disent ni ce qu'ils affirment.

Et sur ce, nous découvrons la démarche ambitieuse de ceux-ci, poussée par l'envi ou le désir manifeste de devenir, exactement comme ce fut le cas de leurs arrières grands parents en les personnes d'Adam et de Eve, qui pressés par l'envi ou le désir de devenir comme des dieux d'après les propos séducteurs du diable ou de Satan s'étaient retrouvés loin de Dieu leur créateur et livrés à la perdition.

Ainsi, en étude de comparaison, on constatera que pendant que l'Eternel Dieu qui a créé et formé l'homme se préparait pour confier à celui-ci l'exercice du ministère basé sur mandat de représentation, le diable allait lui faire l'offre de l'exercice du ministère basé sur l'acquis, c'est à dire assorti de leur propre habileté ou effort personnel, ce qu'ils n'hésiteront à s'y précipiter et cela sous l'influence de leur vie charnelle.

Alors, on notera que l'ordre de l'Eternel Dieu au profit de l'homme était que celui-ci découvre en premier lieu l'arbre de vie pour recevoir en lui c'est à dire en son esprit ou son cœur, la vie de Dieu ou la vie éternelle, un état de dignité capable de contrôler son âme ou son homme charnel auquel est destiné l'arbre de la connaissance du bien et du mal en vue d'une gestion efficiente et rassurée de tout le patrimoine terrestre sur lequel son Seigneur et Dieu compte l'établir.

L'homme aura décidé de faire sa volonté personnelle, celle de rejeter la voix de l'Eternel son Dieu au profit de celle que le diable dans le corps du serpent allait lui apporter.

Il aura manqué sa cible, celle de devenir dieu, en commettant le péché lequel correspond à la définition universelle dudit mot.

Nous trouvons juste et vrai ce développement surtout lorsque nous considérons que d'après les saintes écritures, tous les hommes étaient nés d'Adam et avaient hérité de lui nature du péché, celle déclarée et reconnue morte selon la loi et tombée en inimitié avec Dieu.

<u>Réf bibliques : Genèse : 5 V 1 - 3 ; Romains : 5 V 12.</u>

Voici le livre de la postérité d'Adam.

Lorsque Dieu créa l'homme, il le fit à la ressemblance de Dieu.

Il créa l'homme et la femme, il les bénit, et il les appela du nom d'homme, lorsqu'ils furent créés.

Adam, âgé de cent trente ans, engendra un fils à sa ressemblance, selon son image, et il lui donna le nom de Seth.

C'est pourquoi, comme par un seul homme le péché est entré dans le monde, et par le péché la mort, et qu'ainsi la mort s'est étendue sur tous les hommes parce que tous ont péché.

A partir donc du contenu des versets ci-dessus, nous avons la preuve de la déconnexion de l'homme d'avec Dieu son créateur.

Et pour rappel, l'homme avait été créé à l'image et selon la ressemblance de Dieu au commencement. Mais celui-ci et sa femme seront mis hors du jardin d'Eden pour avoir été reconnu coupable de transgression par la connaissance du péché lequel correspond à la nature qui ne saurait se soumettre à l'autorité de l'Eternel Dieu le créateur.

Ils allaient conserver toutes les fruits de bénédiction dont ils avaient bénéficié de l'Eternel Dieu à la phase de la création malgré la découverte de la nouvelle nature laquelle les opposait désormais à ce Dernier.

Le moment de jouir de ces multiples fruits de bénédiction dont l'un est la procréation était venu, et le résultat sera plus que surprenant puisque ces premiers gestes en progéniture auront perdu l'image et la ressemblance avec Dieu dont les parents jouissaient au commencement, au profit de la nature pécheresse découverte par ceux-ci pour avoir fait le choix de suivre la voix du diable contre celle de l'Eternel Dieu.

Cela explique la victimisation de toute la race humaine laquelle après la naissance biologique se retrouve directement face au dilemme de la connaissance de l'arbre du bien et du mal ou la loi de l'interdit communément appelée la loi du péché en réponse à la condition disciplinaire de la

chair.

L'homme aura développé la culture d'actualisation de sa conscience à partir de son domaine charnel lequel correspond à la vie naturelle, au monde terrestre ou animal avec la réalité d'entreprendre une quelconque relation avec Dieu toujours à partir du domaine charnel de son être, malgré le caractère rationnel et invariable de l'Eternel Dieu en tant que Esprit.

L'homme sera désormais captif du péché et ne pouvait suivre que la volonté du diable qu'il prendra dorénavant pour maître en remplacement des deux éducateurs que son Dieu, le créateur de l'univers tout entier avait chargé de s'occuper de sa croissance.

Celui-ci dans cet état de mort spirituel allait opter pour le service ministériel basé sur la recherche des informations provenant du monde spirituel quoique demeurant toujours charnel, ce qui l'exposait à la diversion parce que livré à la manipulation et à la tromperie des anges déchus.

L'homme, pressé par l'envi de devenir dieu, restera sur sa soif et n'y parviendra jamais parce qu'est l'homme à l'image et selon la ressemblance de Dieu, que celui qui reçoit en son cœur, la vie éternelle ou le Saint-Esprit en s'alimentant de l'arbre de vie conformément à la volonté de l'Eternel Dieu son créateur.

Celui-là ne se lève de son propre chef pour aller à la recherche d'un quelconque message provenant de Dieu, mais demeure attentif et dans la tranquillité en réponse à d'éventuelles informations divines en direction et au profit de la terre.

On notera ainsi des prophètes selon Dieu et selon l'homme, dont les derniers ne travaillent que pour satisfaire les appétits charnels c'est à dire des choses qui frappent bien à l'oreille et suscitent l'engouement des hommes en général et les croyants charnels en particulier.

Nous bouclons ce chapitre relatif à l'étude du chemin de l'homme pour l'exercice du ministère en soulignant le caractère faux et injuste de la démarche entreprise laquelle ne se soumet pas à la volonté de l'Eternel Dieu et d'ailleurs ne le pouvait même pas.

Chapitre : 6

Etude comparative des deux chemins au service du ministère divin

A présent, l'étude comparative des deux chemins au service du ministère divin et plus précisément, prophétique.

Et comme nous l'avions précédemment démontré concernant chacun des deux chemins, on ne saura procéder à l'étude de leur comparaison sans au préalable reconnaître que et le ministère et l'homme c'est à dire le ministre, tous appartiennent à l'Eternel Dieu qui reste le maître absolu et incontestable sur toute la création et dont la volonté s'impose à chaque élément ou composant de l'univers.

C'est dans cette position de maître et de décideur de premier plan et de premier rang sur toute la création que l'Eternel Dieu, allait décider de s'offrir un monde nouveau différent du sien et appelé terre.

D'après donc sa prévision, et particulièrement en ce qui concerne la gestion et la garde de ce nouveau monde, l'Eternel allait penser à un être vivant semblable à lui-même pour exercer le mandat d'intendance sur tout le patrimoine sur lequel il sera placé.

Cet intendant sera appelé homme et lié à l'Eternel Dieu son créateur par un contrat plus ou moins professionnel, ce qui devra le soumettre et lui imposer certaines obligations d'ordre d'employé vis à vis de son employeur.

C'est dans cette optique que l'Eternel Dieu, en bon penseur, allait placer l'homme qui était appelé à le servir très prochainement à l'intérieur d'un jardin planté en Eden pour le préparer à s'outiller et s'équiper des compétences relevant du domaine de l'administration et de la gestion des biens lesquels restent également la propriété exclusive de l'Eternel Dieu confiés à ses soins.

Et pour rappel, nous croyons avoir souligner un peu plus haut que l'homme avait été créé avec la plus grande disposition d'autonomie laquelle ne se retrouve chez aucune autre des multitudes œuvres de l'Eternel Dieu, ce qui d'ailleurs le positionne très proche de son créateur et lui confère une liberté intégrée dans son homme intérieur.

C'est en prévention d'une gestion efficiente de cette liberté qu'il lui faut d'abord la vie de Dieu son créateur laquelle fait office de la désignation de ce dernier dans son cœur et au travers de celui-ci, son esprit lequel constitue son domaine de décision.

Pour l'Eternel Dieu, il fallait que l'homme soit en mesure de prendre librement des décisions toutes les fois que le besoin est éprouvé, sauf que ces différentes décisions seront inspirées de l'Eternel Dieu son créateur qui en l'état se traduit par la vie éternelle ou l'Esprit que l'homme devrait recevoir en consommant l'arbre de vie.

Ainsi, l'Eternel Dieu aura créé l'homme libre cependant, aura voulu que cette liberté répose sur la sagesse de Dieu laquelle est source de vie et de vitalité au profit de l'homme, le ministre ou le prophète de Dieu.

Les choses seraient ainsi disposées afin d'amener l'homme à faire la volonté de l'Eternel Dieu son Seigneur, Dieu et son Maître de qui il devra dépendre quoique libre de constituant.

Considérons à cet effet les écrits ci-après :

<u>Réf bibliques : Jean : 7 V 28 - 29 ; 8 V 28 - 29, 42.</u>

Et Jésus, enseignant dans le temple, s'écria : Vous me connaissez, et vous savez d'où je suis !

Je ne suis pas venu de moi-même ; mais celui qui m'a envoyé est vrai, et vous ne le connaissez pas.

Moi, je le connais ; car je viens de lui, et c'est lui qui m'a envoyé.

Jésus donc leur dit : Quand vous aurez élevé le Fils de l'homme, alors vous connaîtrez ce que je suis, et que je ne fais rien de moi-même, mais que je parle selon ce que le Père m'a enseigné.

Celui qui m'a envoyé est avec moi ; il ne m'a pas laissé seul, parce que je fais toujours ce qui lui est agréable.

Jésus leur dit : Si Dieu était votre Père, vous m'aimeriez, car c'est de lui que je suis sorti et que je viens ; je ne suis pas venu de moi-même, mais c'est lui qui m'a envoyé.

Et voilà ci-dessus en contenu détaillé ces quelques écrits à partir desquels nous découvrons l'attitude ou le comportement du ministre prophète selon l'ordre de l'Eternel Dieu lui-même.

Il pouvait trouver son plaisir à chaque fois et occasion prendre appui ou se référer à celui qui l'a envoyé et d'ailleurs de qui il était sorti puisqu'il n'était venu vers les hommes pour faire ni sa volonté personnelle ni celle de ceux auprès de qui il était envoyé, mais plutôt la volonté de celui qui l'a enroulé et envoyé.

Et il s'agit là d'une question d'obligation professionnelle de laquelle lui , le ministre ou le prophète ne devrait pour aucune raison quelconque se dérober ou se passer.

Ce type de ministre ou prophète insistera dans certaines de ses allocutions et cela par endroit qu'il aurait même été enseigné par celui-ci qui l'a envoyé, ce qui confirme qu'il était envoyé pour rendre fidèlement compte des informations qu'on lui a confiées et cela à qui de droit.

Il sera constaté que le prophète selon l'ordre de l'Eternel Dieu peut faire objet de rejet au-devant de ceux auprès de qui il est envoyé cependant, il est lié par l'obligation de transmission avec fidélité et sans état d'âme de tout dont il chargé conformément à sa mission.

Le ministre ou prophète de Dieu ne considère pas l'apparence de ceux qui sont sensés recevoir le message envoyé mais est caractérisé par la fermeté et la violence sur soi-même pour satisfaire son commissionnaire ou mandataire.

Il faut souligner que le ministre ou le prophète de Dieu porte en lui et précisément dans son cœur la présence de l'Eternel Dieu son Maître, une présence spirituelle et vitale de laquelle il est puise ses différentes inspirations c'est à dire les messages que lui confient son Seigneur en vue de les transmettre par le principe de rendement du ministère à qui de droit.

<u>Réf bibliques : Jean : 14 V 16 - 17, 20, 26 ; 15 V 14.</u>

Et moi, je prierai le Père, et il vous donnera un autre consolateur, afin qu'il demeure éternellement avec vous.

L'Esprit de vérité, que le monde ne peut recevoir, parce qu'il ne le voit point et ne le connaît point ; mais vous, vous le connaissez, car il demeure avec vous, et il sera en vous.

En ce jour-là vous connaîtrez que je suis en mon Père, que vous êtes en moi, et que je suis en vous.

Mais le consolateur, l'Esprit-Saint, que le Père enverra en mon nom, vous enseignera toutes choses, et vous rappelera tout ce que je vous ai dit.

Vous êtes mes amis, si vous faites ce que je vous commande.

Nous découvrons à partir du contenu des versets ci-dessus lesquels témoignent toujours du statut du ministre ou du prophète de Dieu ou selon Dieu.

Il sera mentionné que ce type de ministre ou prophète sera habité par le Saint-Esprit ou l'Esprit de Dieu lequel est source de vie et de lien ou base relationnelle entre celui-ci et son Maître qui est son Seigneur, de qui d'ailleurs il est appelé à dépendre.

Ce qui importe de retenir à partir de ces différents écrits est que le seigneur et sauveur Jésus-Christ est la personne de Dieu en corps humain et compétent pour présenter et travailler à la manifestation des ministres ou prophètes selon la convenance de l'Eternel Dieu, ce qui avait échoué avec le premier homme ou le premier Adam.

Mais l'heure vient, et elle est déjà venue, où les vrais adorateurs adoreront le Père en esprit et en vérité ; car ce sont là les adorateurs que le Père demande.

Dieu est Esprit, et il faut que ceux qui l'adorent, l'adorent en esprit et en vérité.

Nous notons à partir du contenu des versets ci-dessus ce que représente la mission du seigneur Jésus, lui qui sera envoyé dans le monde des humains par son Père afin de travailler à l'érection d'une nouvelle génération d'adorateurs au goût et conforme à la volonté de celui qui est Dieu et le Père des esprits.

Qu'il nous souvienne que dans nos précédents chapitres et dans les tous premiers d'ailleurs que l'attente prioritaire de l'Eternel Dieu en direction de la terre ou de l'homme est que celui-ci soit son adorateur et que toute sa vie relationnelle avec lui son Dieu, son créateur, son Seigneur et Maître se traduit par une vie courante et permanente d'adoration en sorte que l'exercice du ministère même devrait se faire d'après l'analogie de l'adoration, ce qui sera de sa part un sacrifice d'agréable odeur en l'honneur du Roi des rois, Seigneur des seigneurs, le Tout-puissant d'Israël.

Et nous aurions largement abordé la personne du ministre ou prophète selon Dieu pour à présent pencher à celle selon l'homme.

Et comme nous avions commencé par le démontrer un peu plus haut, il faut souligner que l'homme, pour s'être détourné de l'Eternel Dieu son créateur pour suivre le diable parce que vaincu par le péché dont il avait fait la connaissance pour se retrouver hors de la ligne directrice tracée par son créateur, il sera resté mort dans son esprit et privé de la vie de Dieu communément appelée la vie éternelle.

Désormais l'homme corrompu par la connaissance du péché, et à qui s'impose un guide, un mentor ou tuteur de la catégorie de son seigneur pour le conduire en vue de savoir aborder au mieux les jours qui s'alignent devant lui, puisque ce dernier était dans l'âge de croissance d'enfance malgré sa qualification d'homme.

Ce qu'il nous revient de prioriser dans le cas du chemin de l'homme pour l'exercice du ministère prophétique est que le nouveau maître sous qui l'homme allait se retrouver en la personne de lucifer désormais dans le rôle du diable et Satan c'est à dire le séparateur, est reconnu pour ses manœuvres frauduleuses et malsaines le conduisant à tenter de reproduire un peu de tout ce que l'Eternel Dieu a fait à la différence de l'homme, raison pour laquelle il allait s'employer pour poser sur lui sa captivité et en faire désormais son esclave.

L'homme, dans cet état de captivité n'avait absolument aucun moyen de se défendre jusqu'à prétendre s'offrir une quelconque délivrance ou liberté.

L'homme se retrouvera désormais au centre de tous les enjeux stratégiques liant le ciel à la terre et au milieu des deux grandes puissances autour desquelles gravite l'univers et dans le cas d'espèce, la terre.

On parlera de la véritable puissance en la personne de l'Eternel Dieu le créateur et le légitime propriétaire de l'homme et la fausse puissance en la personne du diable et Satan, l'usurpateur, le manipulateur et père de toute fraude.

Qu'il nous souvienne que ce usurpateur dont le diable, pour s'offrir plus de possibilités de réussite de la mission qu'il s'était fixée laquelle visait l'homme de manière à le détourner de la voie de l'Eternel Dieu son créateur, allait emprunter le corps du serpent, animal réputé le plus rusé de tout le bétail pour commettre son forfait.

Il réussira à atteindre son objectif celui de conduire l'homme à la connaissance du péché et le livrer en conséquence à la mort spirituelle.

Celui-ci, pour avoir fait la connaissance du péché allait engendrer en son âme la ruse et par cela développer les traits du serpent, l'animal détenant cette réputation.

Le diable, à partir de ce moyen allait réussir à observer avec satisfaction une nouvelle race humaine aux traits et caractéristiques du serpent et à partir de là, plusieurs et différentes qualifications de variétés de serpents seront découvertes à travers les saintes écritures.

<u>Réf bibliques : Genèse : 3 V 1 - 5 ; Mathieu : 3 V 7 - 9 ; 12 V 34 ; 23 V 32.</u>

Le serpent était le plus rusé de tous les animaux des champs, que l'Eternel Dieu avait faits.

Il dit à la femme : Dieu a-t-il réellement dit : Vous ne mangerez pas de tous les arbres du jardin ?

La femme répondit au serpent : Nous mangeons du fruit des arbres du jardin.

Mais quant au fruit de l'arbre qui est au milieu du jardin, Dieu a dit : Vous n'en mangerez point et vous n'y toucherez point, de peur que vous ne mouriez.

Alors le serpent dit à la femme : Vous ne mourrez point ; mais Dieu sait que le jour où vous en mangerez, vos yeux s'ouvriront et que vous serez comme des dieux connaissant le bien et le mal.

Mais, voyant venir à son baptême beaucoup de pharisiens et de sadducéens, il leur dit : Race de vipères ; qui vous a appris la colère à venir ?

Produisez donc du fruit digne de repentance, et ne prétendez pas dire en vous-même ; Nous avons Abraham pour père ! Car je vous déclare que de ces pierres-ci Dieu peut susciter des enfants à Abraham.

Races de vipères, comment pourriez-vous dire de bonnes choses, méchants comme vous l'êtes ? Car c'est de l'abondance du cœur que la bouche parle.

Comblez donc la mesure de vos pères.

Serpents, race de vipères !

Comment échapperez-vous au châtiment de la géhenne ?

Du contenu des versets ci-dessus, nous découvrons l'usage à plusieurs reprises et à plusieurs occasions du mot serpent pour qualifier ou designer certaines catégories de personnes ou personnages de figure religieuse.

Il faut souligner que l'usage dudit mot ne se limitera pas seulement au serpent, mais allait faire encore plus de précisions pour s'identifier en des termes comme : serpents, race de vipères, une manière d'attirer davantage l'attention du lecteur sur la pertinence dudit qualificatif utilisé dans le cas d'espèce pour désigner un type d'homme, toujours descendants d'Adam et d'Abraham d'après les écrits.

En réalité, ceux dont l'auteur était en train de faire mention dans sa présentation, étaient des personnes ou figures religieuses lesquelles ne sont pas les moindres et qui étaient d'ailleurs considérées comme des responsables étant au service de Dieu ou du ministère en l'honneur de l'Eternel Dieu.

Il faut souligner que ceux-là jouissaient d'une grande considération au regard du peuple des croyants d'autrefois et exerçaient leur ministère en considération des réalités de l'heure, lesquelles faisaient objet de la doctrine dite mosaïque et basée sur la loi de l'interdit ou la loi du péché, cette loi ou sagesse qui avait servi de mobile à Satan pour réussir son projet sur la vie de l'homme.

Il sera constaté que les saintes écritures feront mention de la figure emblématique dont Abraham, celui-là auquel ceux de la race dite vipère ou serpent se réfèrent, et cela était important pour signifier que ce n'est pas des gens issus d'une autre source de création différente à la seule et unique pourvue par l'Eternel Dieu le créateur de l'univers tout entier.

Cependant, le choix délibéré de l'homme à faire preuve d'impatience et de défaut de soumission à l'ordre de son créateur et Seigneur devra le conduire à la découverte d'un nouveau chemin autre que celui tracé par l'Eternel Dieu son créateur pour se retrouver sous l'esclavage du péché et du diable.

Celui-là était important de souligner puisque ce personnage de référence allait aussi hériter d'une naissance biologique corrompue et correspondant à la race du serpent ou de vipère.

Mais le Seigneur Dieu, au nom de sa souveraineté et au vu de ses différents projets en cour envers l'homme et au-delà de ce dernier, la terre allait procéder à la correction génétique et spirituelle de ce personnage autrefois appelé Abram pour le faire devenir Abraham, ce qui signifie celui qui est restauré dans l'ordre et le plan de Dieu.

Ceux-là seront des ministres ou prophètes dits de Dieu mais ne l'auraient jamais été puisqu'ils n'ont pas la vie de Dieu ou la vie éternelle en eux, laquelle passe par l'alimentation en arbre de vie et était le canal ou le conduit des différents messages de Dieu à destination de son prophète et au travers de celui-ci, aux différents peuples et nations.

Cette vie tirée de la consommation de l'arbre de vie est également la source d'inspiration du ministre ou prophète de Dieu pour la cause et l'intérêt des destinataires finaux.

Il importe de rappeler que ces différents ministres ou prophètes, à cause du péché sont reconnus tous race impure, injuste et corrompue comparativement à la nature de l'Eternel Dieu le créateur de l'homme et auront pour qualification, la race du serpent ou de vipère par référence au corps emprunté par lucifer pour aller détourner l'homme de la voie de Dieu.

Ainsi l'Eternel Dieu, qui n'avait pas à cœur de créer un nouveau homme en remplacement de Adam et face à de telle situation de crise allait décider de pourvoir à une solution relevant de sa souveraineté en réponse à ladite situation et sera appelée onction.

Il s'agira d'une capacité spirituelle pourvue par l'Eternel Dieu en réponse au besoin existentiel dans le cadre de l'exercice du ministère ou sacerdoce sur la terre.

Cela s'était avéré nécessaire voir indispensable pour couvrir la nudité de l'homme corrompu par la connaissance le péché aux yeux saints voir très saints de l'Eternel Dieu et au regard des différentes communautés appelées à recevoir ces différents commissionnaires de Dieu.

Voilà pourquoi, les formalités relatives à la réception de l'onction ou le processus de consécration de l'homme ou le serviteur ou ministre de Dieu était devenue une condition indispensable pour servir Dieu sous l'ère de l'ancienne alliance de Dieu avec l'homme.

Et cela exigeait des pratiques religieuses à observer et des actes précis à engager dans ce sens pour procéder à la consécration de l'homme ou le ministre de Dieu.

<u>Réf bibliques : Exode : 29 V 35 - 37 ; 1 Rois : 19 V 15 - 16.</u>

Tu suivras à l'égard d'Aaron et de ses fils tous les ordres que je t'ai donnés.

Tu emploieras sept jours à les consacrer.

Tu offriras chaque jour un taureau en sacrifice pour le péché, pour l'expiation ; tu purifieras l'autel par cette expiation ; et tu l'oindras pour le sanctifier.

Pendant sept jours, tu feras des expiations sur l'autel, et tu le sanctifieras ; et l'autel sera très saint, et tout ce qui touchera l'autel sera sanctifié.

L'Eternel lui dit : Va, reprends ton chemin par le désert jusqu'à Damas ; et quand tu seras arrivé, tu oindras Hazael pour roi de Syrie.

Tu oindras aussi Jehu, fils de Nimschi, pour roi d'Israël ; et tu oindras Elisée, fils de Schaphath, d'Abel - Mehola, pour prophète à ta place.

Ainsi se présente le contenu détaillé des versets ci-dessus lesquels témoignent de quelques démarches relatives au processus de consécration des différentes catégories de personnes bénéficiant du choix de l'Eternel Dieu pour être admises à son service.

On en dénombra en conséquence des responsabilités ministérielles telles que, les souverains sacrificateurs et ceux de classe ordinaire, les rois et les prophètes, et tout cela au service de Dieu en réponse aux besoins qui étaient présents au sein des hommes et le peuple qui était demeuré rattaché à sa personne.

Et c'est le cas de tous les hommes de Dieu qui avaient marché avec lui pour l'exercice du ministère sacerdotale sous l'ancienne alliance.

Puisqu'ils portaient tous et par le moyen d'héritage procréatif la semence du péché dans leurs seins, l'onction était devenue élément divin indispensable pour les qualifier devant la loi à être admis dans le service de Dieu, autrefois qualifié du service de l'autel.

Et c'était l'ombre ou la figure du rachat de l'homme victime du péché pour sa requalification dans l'ordre relationnel, religieux et administratif de l'Eternel Dieu en direction de la terre.

A partir donc de cet état de vie corrompue de l'homme et plus précisément de toute la race humaine, il n'y avait que seuls ceux qui étaient appelés au service de l'Eternel Dieu qui passaient par le processus de la consécration pour pouvoir offrir leurs services à Dieu et étaient même des descendants du peuple d'Israël qualifié de Dieu d'après les saintes écritures.

Ainsi, le reste des nations qui étaient sur la terre et qui n'appartenaient pas à l'alliance de Dieu pour le salut de l'homme, pouvaient développer leurs propres religions, se donner leurs propres dieux et au service de ces derniers, dégager de leurs peuples des ministres ou prophètes comme prêtres pour organiser et conduire leurs différents cultes d'adoration en l'honneur de leurs divinités.

<u>Réf bibliques : 1 Rois : 18 V 19 ; Deutéron : 13 V 1 - 3 ; 18 V 20 - 21.</u>

Fais maintenant rassembler tout Israël auprès de moi, à la montagne de Carmel, et aussi les quatre cents cinquante prophètes de Baal et les quatre cents prophètes d'Astarté qui mangent à la table de Jézabel.

S'il s'élève au milieu de toi un prophète ou un songeur qui t'annonce un signe ou un prodige, et qu'il y ait accomplissement du signe ou du prodige dont il a parlé en disant : Allons après d'autres dieux, des dieux que tu ne connais point, et servons-les !

Tu n'écouteras pas les paroles de ce prophète ou de ce songeur, car c'est l'Eternel, votre Dieu, qui vous met à l'épreuve pour savoir si vous aimez l'Eternel, votre Dieu de tout votre cœur et de toute votre âme.

Mais le prophète qui aura l'audace de dire en mon nom une parole que je ne lui aurai point commandé de dire, ou qui parlera au nom d'autres dieux, ce prophète-là sera puni de mort.

Peut-être diras-tu dans ton cœur : Comment connaîtrons-nous la parole que l'Eternel n'aura point dite ?

Quand ce que dira le prophète n'aura pas lieu et n'arrivera pas, ce sera une parole que l'Eternel que n'aura point dite, c'est par audace que le prophète l'aura dite : N'aie pas peur de lui.

Ainsi se présente le contenu des versets ci-dessus lesquels témoignent de la catégorie des prophètes qui ne proviennent pas des institutions de l'Eternel Dieu, ce qui voudra dire qu'ils proviennent du chemin de l'homme puisqu'il s'agit là de la seconde source de pourvoir des ministres ou prophètes animant le monde spirituel des humains.

Nous découvrons par endroit que l'Eternel allait qualifier ces prophètes de source douteuse et qui seront bien présents au sein de sa communauté, de songeurs c'est à dire des rêveurs et ne tirent leurs messages d'aucune source crédible dont il serait le seul et unique auteur.

De tels prophètes seront jugés audacieux pour se permettre de faire passer au nom de Dieu, des informations d'une autre source n'ayant rien de commun avec le Dieu vivant toutefois, cela peut aussi faire objet de la volonté permissive de l'Eternel Dieu pour mettre à l'épreuve son peuple, une manière d'évaluer leur relation avec lui.

Mais à côté de ces différents aspects susmentionnés, il faut ajouter que les saintes écritures nous informeront également sur une autre catégorie de prophètes lesquels seront au service des divinités c'est à dire des dieux étrangers et qui n'hésiteront à prendre au défi les prophètes de Dieu.

Il faut souligner que nous avons encore plusieurs d'autres exemples illustrant le service des prophètes mais, le mieux serait de se limiter à ces quelques uns.

Et comme nous étions en train de procéder à l'étude de comparaison des deux différents chemins au service du ministère divin et plus précisément prophétique, il convient d'ajouter que l'Eternel Dieu lui-même est le premier prophète que toute la terre ait connu et par référence aux saintes écritures, on notera deux différents types de prophètes de Dieu à savoir, ceux ayant conservé leur nature de péché quoique admis au service de Dieu.

Ils seront généralement considérés comme ceux ayant exercé le ministère sous l'ancienne alliance de Dieu avec les hommes et étaient à l'occasion couverts par l'onction, laquelle était la personne de Dieu pour l'exercice du ministère et n'aura rien de différent comparativement aux anges.

Voilà pourquoi, tous les serviteurs ou ministres de Dieu ayant servi sous l'ancienne alliance depuis le prophète Moïse jusqu'à Jean Baptiste sont par endroit qualifiés tels des anges.

Nous comprenons aussi par référence à certains écrits toujours tirés du contenu des versets ci-dessus que l'authenticité du prophète est aussi liée à la qualité et à l'accomplissement du message qui est sorti de sa bouche.

Cependant, l'évolution de la relation ministérielle de Dieu avec les hommes allait s'observer et la ruse du malin dans de telle profession ne manquera de faire parler d'elle.

<u>Réf bibliques : Actes : 16 V 16 - 18 ; 13 V 6.</u>

Comme nous allions au lieu de prière, une servante qui avait un esprit de Python , et qui, en devinant, procurait un grand profit à ses maîtres, vint au-devant de nous, et se mit à nous suivre, Paul et nous. Elle criait : Ces hommes sont les serviteurs du Dieu Très-haut, et ils vous annoncent la voie du salut.

Elle fit cela pendant plusieurs jours, Paul fatigué se retourna, et dit à l'esprit.

Je t'ordonne au nom de Jésus-Christ, de sortir d'elle. Et il sortit à l'heure même.

Ayant ensuite traversé toute l'île jusqu'à Paphos, ils trouvèrent un certain magicien, un faux prophète juif, nommé Bar-Jésus.

Et voilà ci-dessus en contenu détaillé ce que nous rapporte ces différents versets ci-dessus lesquels viennent empiéter sur les premières conditions d'authentification d'une prophétie venue de Dieu, puisque tout ce qui sortait de la bouche de la servante devineresse était vrai et approuvé de l'Esprit.

Cependant, le paradoxe lié à son authenticité est lié à sa source laquelle sera reconnue pour fausse parce qu'il s'agissait de l'esprit de Python, une autre catégorie de serpent et cela en confirmation à la race constituée par le diable pour contrôler davantage l'homme corrompu par la connaissance du péché et qui ne fait point de différence avec les animaux.

N'eût été la dimension de discernement pourvue par le Saint-Esprit et active dans la vie ministérielle des croyants régénérés par l'œuvre de la rédemption du seigneur et sauveur Jésus-Christ, l'apôtre Paul, encore moins les autres disciples qui étaient autour de lui, ne sauraient se démarquer de cette ruse orchestrée par le malin et dont il est spécialiste.

Et c'est d'ailleurs l'un des critères par lesquels les prophètes de la nouvelle alliance de Dieu c'est à dire régénérés, se démarquent par supériorité sur ceux de l'ancienne alliance.

Mais le contenu desdits versets ne finiront de nous renseigner encore par rapport aux différentes manœuvres de séduction et de tromperie du malin pour tenter de se maintenir dans la course des évènements entrant dans le cadre du salut des hommes.

On parlera d'un autre ministre du malin, un magicien qui se fait passer pour un prophète juif et qui certainement aurait déjà fait plusieurs victimes puisqu'il ne se limitera pas seulement à l'usage de faux titre de prophète, mais ira encore plus loin en se prénommant d'un certain Bar-Jésus.

Un prénom suffisamment mûri de réflexions susceptibles de rallier le grand nombre des croyants non affermis à sa cause puisque le nom Jésus figura dans ledit prénom et peu de personnes seulement ignoreraient l'impact qu'avait laissé ce prénom de Jésus sur la communauté juive d'alors.

<u>Réf bibliques : Actes : 3 V 21.</u>

Que le ciel doit recevoir jusqu'aux temps de rétablissement de toutes choses, dont Dieu a parlé anciennement par la bouche de ses saints prophètes.

Ainsi se présente le contenu des versets ci-dessus lesquels nous donnent un petit rappel sur la démarche de l'Eternel Dieu à choisir au sein des hommes qui en réalité étaient tous des descendants d'Adam et par qui ils étaient tous corrompus par le péché, pour les engager dans son service cultuel appelé sacerdoce et à cet effet, les faisait passer par les conditions de la consécration afin que par elle, ils puissent recevoir l'onction pour pouvoir le servir.

On parlera des saints prophètes, une expression pour désigner les prophètes mis à part ou consacrés à son service.

Et ces précisions étaient parfois nécessaires pour confirmer qu'il n'y avait aucun homme qui pouvait prétendre mériter un quelconque statut de ministre ou prophète de Dieu, raison d'ailleurs pour laquelle l'onction ou la consécration était inconditionnelle pour offrir de telle qualification.

Chapitre : 7

Conséquences de chacun des deux chemins sur la vie des croyants

Nous commençons ce chapitre relatif aux conséquences des deux chemins sur la vie des croyants en rappelant que nous sommes dans un monde de réalité où presque tout ce qui est directement ou indirectement engagé est sujet à des conséquences.

Et comme nous l'avions démontré un peu plus haut, c'est le lieu de rappeler que nous nous étions fixés sur deux catégories de prophètes à savoir ceux qui par grâce étaient demeurés dans la ligne tracée par le Seigneur Dieu et qui étaient regardés comme ses saints prophètes, et ceux qui n'avaient pas bénéficié de cette grâce de consécration provenant de l'Eternel Dieu et s'étaient retrouvés loin de son choix pour devenir des prophètes du monde ou au service des divinités.

Il faut encore rappeler que les prophètes sont des représentants de Dieu sur la terre et au profit des croyants dans le rôle de leur transmettre fidèlement les différents messages qui leur sont confiés par l'Eternel et jugés utiles pour leur intérêt.

C'est le lieu de rappeler que le prophète est avant tout un être humain entièrement indépendant et libre et en tant que tel dispose d'une volonté laquelle occupe tout son être et s'élève même au-dessus de lui-même et cela aussi longtemps que tous ses différents sens fonctionnent normalement.

Cependant, l'exercice du ministère lui imposera certaines obligations plus ou moins professionnelles par lesquelles il est lié à son employeur, son maître ou son seigneur et qui lui impose d'élever la volonté de ce dernier au-dessus de la sienne.

Il est régulièrement face au dilemme de la réalité et de la vérité toujours à cause de son potentiel de liberté.

Cela dit qu'à l'endroit de l'Eternel Dieu son employeur, il lui revient de devoir de rendre fidèlement à qui de droit, le message qui lui est confié, et il s'agit là de l'aspect vérité qui lie le prophète.

Mais il y a aussi un autre aspect par lequel il est lié et qui est la réalité laquelle le soumet régulièrement à l'épreuve de l'état d'âme de ceux qui sont en face de lui et qui sont les destinataires desdits messages.

Sa propre vie à laquelle sont rattachés ses intérêts personnels et la conscience ministérielle ou professionnelle sont régulièrement engagées dans de tel métier, ce qui malgré cela lui impose dépendance et soumission à l'appel ministériel reçu puisqu'il est lié par l'obligation morale et ministérielle de faire non sa volonté personnelle mais celle de celui qui l'a appelé et enrôlé.

Réf bibliques : Josué : 1 V 6 - 7, Jean : 7 V 16 - 18.

Fortifie-toi et prends courage, car c'est toi qui mettras ce peuple en possession du pays que j'ai juré à leurs pères de leur donner.

Fortifie-toi seulement et aie bon courage, en agissant fidèlement selon toute la loi que Moïse, mon serviteur t'a prescrite ; ne t'en détourne ni à droite ni à gauche, afin de réussir dans tout ce que tu entreprendras.

Jésus leur répondit : Ma doctrine n'est pas de moi, mais de celui qui m'a envoyé.

Si quelqu'un veut faire sa volonté, il connaîtra si ma doctrine est de Dieu, ou si je parle de mon chef.

Celui qui parle de son chef cherche sa propre gloire ; mais celui qui cherche la gloire de celui qui l'a envoyé, celui-là est vrai, et il n'y a point d'injustice en lui.

Ainsi se présente le contenu des versets ci-dessus au travers desquels nous trouvons le cas de Josué, le successeur du serviteur de l'Eternel Dieu le prophète Moïse, à qui des instructions et orientations étaient données en vue de lui assurer un avenir relationnel solide, durable et crédible avec son employeur, son maître, le Dieu à toutes et à tous.

Et puisque désormais il devrait être chargé de conduire le peuple de Dieu après la mort de son prédécesseur le prophète Moïse, des orientations lui seront données par son maître et leur Seigneur à tous afin de pouvoir exécuter avec probité la mission divine qui lui sera assignée.

L'Eternel allait commencer au premier contact par le nourrir des informations par lesquelles il devra acquérir de l'assurance et développer la confiance en ce Dieu invisible et qui avait opéré de grands prodiges et miracles à travers les mains de ceux avec qui il avait marché par le passé.

Les écrits du contenu ne s'arrêteront pas là, mais témoigneront également du prophète des prophètes en la personne du seigneur et sauveur Jésus qui en son temps, défendait avec conviction l'authenticité de la doctrine qu'il avait apportée aux hommes en général et les croyants en particulier laquelle ne reposait pas sur sa sagesse personnelle quoique Dieu sous la forme physique et humaine, mais celle de celui qui l'avait envoyé et de qui il était appelé à rendre témoignage.

Ainsi, comme nous l'avions précédemment évoqué, le prophète n'est pas limité dans son rôle mais lié par l'obligation de rendre fidèlement compte ou de transmettre à qui de droit tout ce que son employeur, son maître lui aurait confié.

Sa capacité spirituelle laquelle se définit par l'onction qu'il porte était nécessaire pour rester connecter à son employeur et recevoir du monde de l'esprit.

Et puisque le monde des esprits est composé de deux grandes sources à savoir : le monde des esprits ou esprits créés lesquels sont des anges et celui de l'Esprit créateur, c'est à dire celui de Dieu ou du Fils unique qui est dans le Père ou encore le Saint-Esprit.

Ainsi tel que l'Eternel Dieu le créateur de la terre et tout ce qu'elle renferme avait manifesté le caractère indispensable et incontournable de l'homme pour l'accomplissement de ses projets et l'atteinte de ses objectifs sur la terre, lucifer, désormais diable et Satan avec la mobilisation des anges déchus autour de lui et fidèle à sa menace en direction de la terre et la mer, allait aussi avoir besoin de l'homme pour amener à exécution sur la terre ce qu'il avait arrêté de son propre chef pour tenter de faire échouer ou capoter le plan de Dieu au profit de l'homme et par lui, le monde terrestre duquel il attendait recevoir les adorations des peuples et nations qui y habitent.

Voilà pourquoi, plusieurs prophètes allaient exister par le passé et continueront toujours d'exister jusqu'à nos jours et cela dans un atmosphère de conflits, de crises et de guerres des intérêts.

Ceci étant, l'Eternel Dieu resté égal à lui-même, et fidèle à ses objectifs multipliera des prophètes pour le salut des âmes en voie de perdition.

Mais pendant ce temps le diable non plus ne restera les bras croisés mais s'engagera de son côté pour la mobilisation des prophètes contrôlés par l'esprit de serpent ou de séduction ou encore du mensonge lesquels seront chargés de précipiter les croyants non convertis dans les murs de la perdition.

Et il s'agira alors d'une guerre existentielle et sous plusieurs formes qui tourne autour de l'être humain, lui au profit de qui l'Eternel Dieu son créateur nourrit énormément de merveilleux projets.

Réf bibliques : Exode : 19 V 5 - 6 ; Jérémie : 29 V 11.

Maintenant, si vous écouter ma voix, et si vous gardez mon alliance, vous m'appartiendrez entre tous les peuples, car toute la terre est à moi.

Vous serez pour moi un royaume de sacrificateurs et une nation sainte. Voilà les paroles que tu diras aux enfants d'Israël.

Car je connais les projets que j'ai formé sur vous dit l'Eternel, projets de paix et non de malheur, afin de vous donner un avenir et de l'espérance.

A partir du contenu des versets ci-dessus, nous découvrons en quelques mots et phrases certains éléments décrivant les projets de l'Eternel Dieu au profit de son peuple sur lequel il avait porté son choix pour en faire une famille d'adorateurs digne de son nom et de sa personne.

Et c'est bien ce que le seigneur Jésus-Christ le prophète des prophètes, à la fin des temps s'emploiera pour accomplir en réponse et à la satisfaction de l'attente de celui qui est Seigneur de gloire et le Père des esprits.

Oui ! Il le fera vraiment en accomplissant la loi à la croix par son œuvre de rédemption.

Réf bibliques : Jean : 4 V 23 - 24 ; 19 V 30.

Mais l'heure vient et elle est déjà venu, où les vrais adorateurs adoreront le Père en esprit et en vérité, car ce sont là les adorateurs que le Père demande.

Dieu est Esprit et il faut que ceux qui l'adorent l'adorent en esprit et en vérité.

Quand Jésus eut pris le vinaigre, il dit : Tout est accompli. Et, baissant la tête, il rendit l'esprit.

Et voilà en contenu détaillé quelques éléments qui témoignent et confirment le rôle missionnaire joué à la fin des temps par le seigneur et sauveur Jésus-Christ par son œuvre de rédemption par la croix et dont la finalité était de racheter pour Dieu son Père et au moyen de son sang, des croyants d'une nouvelle génération d'adorateurs acquis à la cause de l'Eternel Dieu leur Père.

C'est pourquoi de cet effectif sortiront de nouveaux ministres de Dieu engagés pour reprendre l'Evangile de Dieu et pour l'élargissement du royaume des cieux sur la terre.

Cependant, il sera constaté que le malin aussi ne restera les bras croisés comme nous le disions tantôt, et emploiera tous les moyens à sa portée pour toujours tenter de distraire et de semer la confusion dans le rang de ceux qui bénéficie du regard favorable de l'Eternel Dieu.

Réf bibliques : 1 Rois : 18 V 4 ; 22 V 10 - 12.

Et lorsque Jézabel extermina les prophètes de l'Eternel, Abdias prit cent prophètes qu'il cacha cinquante par cinquante dans une caverne, et il les avait nourris de pain et d'eau.

Le roi d'Israël et Josaphat, roi de Juda, étaient assis chacun sur son trône, revêtus de leurs habits royaux, dans la place à l'entrée de la porte de Samarie. Et tous les prophètes prophétisaient devant eux.

Sédécias , fils de kenaana, s'était fait des cornes de fer, et il dit : Ainsi parle l'Eternel ; Avec ces cornes tu frapperas les Syriens jusqu'à les détruire.

Et tous les prophètes prophétisaient de même, en disant : Monte à Ramoth en Galaad ! Tu auras du succès, et l'Eternel la livrera entre les mains du roi.

A partir donc du contenu des versets ci-dessus nous découvrons d'après les récits que certains prophètes de l'Eternel au nom de leur engagement de fidélité envers celui à qui ils étaient liés par l'obligation d'honneur, allaient se faire massacrer par ceux qui en principe étaient appelés à les écouter comme des porte-paroles de l'Eternel Dieu leur créateur envers qui ils devraient tous faire preuve de bonne habitude et bon égard et cela pour leurs intérêts vitaux.

Mais ils avaient choisi de s'opposer à Dieu en décidant de supprimer la vie à ses envoyés.

Nous noterons aussi combien certains prophètes de l'Eternel pouvaient être manipulés par des esprits mauvais au point d'être conduits à œuvrer pour la destruction au lieu de la construction, pour la perte au lieu du salut des âmes.

Et c'est bien ce que nous allons dans la suite des références que nous prenons en considération dans notre étude.

Le messager qui était allé appeler Michée lui parla ainsi : Voici, les prophètes, d'un commun accord, prophétisent du bien au roi ; que ta parole soit donc comme la parole de chacun d'eux !

Annonce du bien !

Michée répondit : l'Eternel est vivant ! J'annoncerai ce que l'Eternel me dira.

Lorsqu'il fut arrivé auprès du roi, le roi lui dit : Michée, irons-nous attaquer Ramoth en Galaad, ou devons-nous y renoncer ?

Il lui répondit :

Monte ! Tu auras du succès, et l'Eternel la livrera entre les mains du roi.

Et le roi lui dit : Combien de fois me faudra-t-il te faire jurer de ne me dire que la vérité au nom de Dieu ?

Michée répondit : Je vois tout Israël dispersé sur les montagnes, comme des brebis qui n'ont point de berger ; et l'Eternel dit : Ces gens n'ont point de maître, que chacun retourne en paix dans sa maison !

Et Michée dit : Ecoute donc la parole de l'Eternel ! J'ai vu l'Eternel assis sur son trône, et toute l'armée des cieux se tenant auprès de lui, à sa droite et à sa gauche.

Et l'Eternel dit : Qui séduira Achab, pour qu'il monte à Ramoth en Galaad et qu'il périsse ?

Ils répondirent l'un d'une manière, l'autre d'une autre.

Et un esprit vint se présenter devant l'Eternel, et dit : Moi, je le séduirai. L'Eternel lui dit : Comment ?

Je sortirai, répondit-il, et je serai un esprit de mensonge dans la bouche de tous ses prophètes. L'Eternel dit : Tu le séduiras et tu en viendras à bout ; sors, et fais ainsi !

Et maintenant, voici, l'Eternel a mis un esprit de mensonge dans la bouche de tous les prophètes qui sont là. Et l'Eternel a prononcé du mal contre toi.

Nous retenons à partir du contenu des versets ci-dessus que la relation prophétique est du côté des hommes, compliquée et complexe, et nécessite l'abandon total de soi pour s'assurer de la réussite des différentes missions laissées à la charge du prophète.

Et dans le cas d'espèce, nous découvrons le projet de Dieu pour la chute d'un roi qui certainement ne se retrouve plus dans son plan sur la terre.

Il sera donc question d'œuvrer à sa chute et ce projet ne proviendra pas d'une quelconque mauvaise foi des hommes qui l'entouraient et étaient à son service, mais plutôt de l'Eternel lui-même, lui dont la décision s'impose à tout être vivant sur toute la surface de la terre.

Celui-ci, conformément à la pratique religieuse par laquelle les hommes étaient liés à lui, allait mettre un esprit mauvais de mensonge dans la bouche de ses prophètes lesquels en l'état ne sont que purement et simplement des instruments à son service pour la mise en œuvre et à exécution des différentes consignes qui leur sont confiées.

Et c'est ainsi qu'il sera constaté que tous les prophètes qui entouraient le roi et qui étaient bien de Dieu et non des devins, allaient de commun accord, prophétiser des messages susceptibles de séduire le cœur de ce roi pour assurer sa perte résolue par l'Eternel Dieu.

Et puisque le projet relatif à la chute du roi venait de l'Eternel Dieu lui-même, celui-ci en tant que chair n'y échappera pas malgré l'implication d'un autre prophète qui avait pourtant à la bouche de nouvelles informations autres que les précédentes et qui pouvaient lui procurer le salut si seulement il les prêtait un peu son attention.

Cependant, le dessein de l'Eternel Dieu allait finir par avoir raison de lui en réponse à la supériorité indéfectible de l'esprit sur la chair.

Toutefois, l'une des conséquences les plus fâcheuses de cette approche religieuse et relationnelle à laquelle l'homme était initiée est que celui-ci allait développer la culture et l'habitude des consultations spirituelles.

Et puisque ladite pratique provenait de l'Eternel Dieu lui-même, cela devenait des prétextes sur lesquels plusieurs finissaient par s'appuyer pour aller auprès des devins lesquels parfois donnaient plus rapidement satisfaction à leurs attentes puisque l'homme a été toujours derrière les informations susceptibles de satisfaire ses désirs charnels sans jamais mesurer les conséquences liées à ses actes.

Ils s'étaient très tôt habitués à aller consulter leur Dieu par l'intermédiaire des prophètes établis par celui-ci.

Ce faisant, plusieurs commençaient par identifier leur Dieu à travers ces individus qui ne sont que chair et soumis à la mort, c'est à dire ne pouvaient pas se sauver eux-mêmes avant de servir de garantie de vie pour un autre.

Et ce constat sera plus observé dans le rang des croyants de la famille de Dieu que ceux du monde c'est à dire les païens.

<u>Réf bibliques : 1 Samuel : 9 V 9 ; 14 V 37 ; 28 V 3, 5 - 7, 10 - 14.</u>

Autrefois en Israël, quand on allait consulter Dieu, on disait : Venez, et allons au voyant ! Car celui qu'on appelle aujourd'hui prophète s'appelait autrefois le voyant.

Et Saül consulta Dieu : Descendrai-je après les Philistins ?

Les livreras-tu entre les mains d'Israël ?

Mais en ce moment il ne lui donna point de réponse.

Samuel était mort ; tout Israël l'avait pleuré, et on l'avait enterré à Rama, dans sa ville, Saül avait ôté du pays ceux qui évoquaient les morts et ceux qui précisaient l'avenir.

A la vue du camp des Philistins, Saül fut saisi de crainte, et un violent tremblement s'empara de son cœur.

Saül consulta l'Eternel ; et l'Eternel ne lui répondit point, ni par des songes, ni par l'urim, ni par les prophètes.

Et Saül dit à ses serviteurs : Cherchez-moi une femme qui évoque les morts, et j'irai la consulter. Ses serviteurs lui dirent : Voici, à En-Dor il y a une femme qui évoque les morts.

Saül lui jura par l'Eternel, en disant : L'Eternel est vivant ! Il ne t'arrivera point de mal pour cela.

La femme dit : Qui veux-tu que je te fasse monter ? Et il répondit : Fais-moi monter Samuel.

Lorsque la femme vit Samuel, elle poussa un grand cri, et elle dit à Saül : Pourquoi m'as-tu trompée !

Tu es Saül ?

Le roi lui dit : Ne crains rien ; mais que vois-tu ? La femme dit à Saül : Je vois un dieu qui monte de la terre.

Il lui dit : Quelle figure a-t-il ?

Et elle répondit : C'est un vieillard qui monte et il est enveloppé d'un manteau. Saül comprit que c'était Samuel, et il s'inclina le visage contre terre et se prosterna.

Nous notons à partir du contenu des versets ci-dessus lesquels témoignent de la connaissance élargie sur ce qu'il y a lieu de savoir sur la vie religieuse qui caractérisait les croyants par le passé, et plus précisément l'implication du serviteur ou ministre de Dieu en sa qualité de prophète.

Celui-ci, à cause du rôle exceptionnel qu'il jouait entre Dieu et les croyants, était appelé le voyant puisqu'il lui revenait par privilège de recevoir pour le compte du peuple en général et chaque individu éprouvant le besoin d'écouter Dieu sur un quelconque sujet personnel.

Il devient le canal de Dieu pour informer quiconque désirant consulter l'Eternel Dieu.

Et ce sera le cas du roi Saül qui, face à la disparition du prophète Samuel était obligé de faire retour à ce qu'il avait jugé de malsain et impropre à leur vie relationnelle avec Dieu.

Et pour rappel, les saintes écritures nous renseignaient que Saül avait ôté du milieu du peuple ceux qui évoquaient les morts et les consultaient en lieu et place de Dieu pour satisfaire leurs diverses préoccupations. Et cela conformément aux prescriptions de la loi juive interdisant de telle pratique qui suscite la jalousie de Dieu.

Mais le roi Saül, face à l'inaccessibilité du prophète Samuel, allait changer d'avis pour se retrouver auprès de ceux qui consultaient les morts et cela simplement parce que ce peuple ne savaient pas prier Dieu, mais seulement le consulter à partir des prophètes, anciennement appelés des voyants.

Il réussira dans son job et le prophète Samuel déjà mort et enterré sera remonté par la prêtresse en réponse à la demande du roi Saül qui en réalité s'inquiétait de la menace que lui inspiraient les Philistins et qui à l'époque étaient presque aux portes d'Israël.

Un autre point capital de ce développement est que les croyants avaient les regards de devin sur la personne de Dieu et toutes les fois qu'ils manquaient d'accès à lui ou le retard sur réponse était observé, ils n'hésitaient pas à recourir à la consultation des morts, ce chemin réputé le plus facile pour satisfaire leurs désirs et assouvir leurs soifs.

Les choses étant ainsi, il sera difficile de faire la part des choses entre la voie de justice tracée par la loi et celle initiée par le malin afin de continuer à se battre pour son règne d'injustice et de l'asseoir davantage pour encourager l'égarement et la perte des âmes.

Mais il n'y aura rien d'étonnant puisque la race humaine était restée corrompue et incapable de rester fidèle à Dieu et lui faire entièrement confiance malgré certains hommes avaient été choisis et sanctifiés par les soins de l'Eternel Dieu pour non seulement être appelés peuple de Dieu et desquels des ministres apprêtés pour conduire ses différentes activités d'adoration avaient été également dégagés.

Et cette lecture relative aux conséquences liées à la pratique prophétique dans la relation des hommes ou des croyants avec Dieu reposait dans son ensemble sur les inconvénients.

Mais puisqu'on ne saura aborder les aspects de conséquences sur un sujet en se limitant uniquement qu'aux inconvénients, puisqu'il existe aussi des avantages lesquels constituent aussi un aspect important et non négligeable.

Et sur ce, nous découvrons que l'exercice du ministère prophétique ne serait pas seulement source d'idolâtrie et de distraction au sein des croyants, mais aussi un pouvoir et une capacité spirituelle dont la prise de conscience transforme positivement et merveilleusement son sujet c'est à dire le croyant régénéré de manière à prendre le contrôle total de sa propre vie dans une approche relationnelle avec son Seigneur et son Dieu, laquelle sera basée sur la foi en Jésus-Christ son rédempteur.

Voilà pourquoi de toute l'histoire de la Bible nous pouvons observer deux différents types de prophètes dont les uns ayant conservé leur nature de péché dépendront d'un processus de consécration pour non seulement s'aligner au rang des anges mais encore inférieurs à eux et cela toujours à cause du péché qu'ils portent en eux et qui les maintenait continuellement éloigner du Dieu saint, juste et parfait.

Selon qu'il est écrit : Il n'y a point de juste. Pas même un seul.

Car tous ont péché et sont privés de la gloire de Dieu.

Et ils sont gratuitement justifiés par sa grâce, par le moyen de la rédemption qui est en Jésus-Christ.

La loi donc est sainte, et le commandement, saint, juste et bon.

Ce qui est bon, a-t-il donc été pour moi une cause de mort ?

Loin de là ! Mais c'est le péché, afin qu'il se manifesta comme péché en me donnant la mort par ce qui est bon, et que par le commandement, il devint condamnable au plus haut point.

Nous savons, en effet, que la loi est spirituelle, mais moi, je suis charnel, vendu au péché.

Nous trouvons à partir du contenu des versets ci-dessus certains détails par lesquels l'état de péché ou de corruption de toute la race humaine était révélé, et constitue une andicape majeure dans la marche relationnelle des hommes avec Dieu.

Voilà pourquoi il sera dit qu'il n'y a point de juste, pas même un seul malgré les bonnes manières et œuvres qui avaient tout le temps caractérisé la vie intercommunautaire des hommes.

Du point de vue charnelle, nul ne peut démontrer qu'il n'y point des actes de bonne foi et motivés par l'esprit d'entraide et d'amour au sein des hommes, ce qui d'ailleurs fait objet de leurs efforts de chaque jour, c'est à dire l'envi de faire du bien à son prochain et cela par concurrence sur le mal cependant, tous leurs efforts sans cesse au travers de la loi ne présentait absolument rien de crédible ou de nature à les qualifier devant l'autorité de Dieu.

Cela dit que s'il n'y a point de juste, il n'y a alors que des pécheurs ; que des gens de mauvaise vie et incapables de se soumettre à la volonté de Dieu puisque habités par l'esprit de la rébellion et dépourvu de tout ce qui est honorable et vertueux.

Cependant, cet état de vie de l'homme allait trouver sa source dans les premiers contacts de celui-ci avec la loi de Dieu. Cette loi qui serait considérée de juste, et ses commandements, justes, bons et parfaits d'après les saintes écritures sera le mur contre lequel l'homme allait se cogner la tête par imprudence pour devenir finalement une victime de la ruse du diable.

Il sera plutard observé l'incompatibilité relationnelle de l'homme charnel avec la loi qui à priori est de Dieu et reste en cela spirituelle.

Ainsi, comme nous avions commencé par le décrire un peu plus haut, il convient de retenir que deux catégories de prophètes existent de sorte que l'une exerçant dans la doctrine du péché allait conserver sa nature de d'échéance appelée péché qu'il allait hériter de son père Adam et malgré cela exercicer le ministère sous le couvert de l'onction de Dieu, tandis que l'autre connaîtra la nouvelle naissance par le processus de la régénération en Jésus-Christ pour exercer dans la doctrine de l'Esprit, de justice ou de vérité selon Dieu.

C'est le lieu de rappeler que la première catégorie exerce avec une capacité très réduite parce que limitée au même niveau que les anges et même inférieure à eux à cause de sa nature de péché.

<u>Réf bibliques : Hébreux : 9 V 26 ; 10 V 9.</u>

Autrement, il aurait fallu qu'il eût souffert plusieurs fois depuis la création du monde, tandis que maintenant, à la fin des siècles, il a paru une seule fois pour abolir le péché par son sacrifice.

Il dit ensuite : Voici, je viens pour faire ta volonté. Il abolit ainsi la première chose pour établir la seconde.

Ainsi, nous découvrons à partir du contenu du verset ci-dessus, ce que le puissant bras de l'Eternel a fait et accompli par le sacrifice de son Fils unique à la croix pour déclarer caduque par le processus d'abolition la doctrine réservée aux pécheurs qualifiée d'adoration charnelle ou la doctrine du péché.

Et c'était pratiquement le ministère conduit par la première catégorie de prophètes lesquels ayant conservé leur nature de péché étaient soumis à la faiblesse c'est à dire limités dans leur approche ministérielle ou sacerdotale avec Dieu.

Voilà pourquoi il sera que le réformateur des choses de Dieu en la personne de son Fils unique, l'agneau sans taches et sans défauts, Jésus-Christ homme, le Fils héritier établi sur la maison de Dieu allait effectivement par son œuvre de rédemption abolir la première chose pour établir la seconde.

Et c'est en vertu de cette réforme qu'une nouvelle catégorie de prophètes allait naître et venir à existence, et la suite de notre développement nous en dira davantage.

Par contre, la deuxième catégorie exerce avec une capacité illimitée parce que habitée par le Saint-Esprit lequel fait de celui-ci le temple de Dieu et l'élève au-dessus des anges c'est à dire opérant dans la dimension de Dieu lui-même selon qu'il est écrit :

<u>Réf bibliques : 1 Corinthiens : 2 V 9 - 10, 12.</u>

Mais comme il est écrit, ce sont des choses que l'œil n'a point vues, que l'oreille n'a point entendues, et qui ne sont point montées au cœur de l'homme, des choses que Dieu a préparées pour ceux qui l'aiment.

Dieu nous les a révélées par l'Esprit. Car l'Esprit sonde tout, même les profondeurs de Dieu.

Or nous, nous n'avons pas reçu l'esprit du monde, mais l'Esprit qui vient de Dieu, afin que nous connaissions les choses que Dieu nous a données par sa grâce.

Ainsi se présente en contenu détaillé les éléments qui témoignent de l'avantage des prophètes issus des croyants régénérés sur ceux qui avaient conservé leur nature de péché et étaient restés au même rang que les anges.

Mais pour ce qui nous concerne, il convient de souligner que ceux de la catégorie des prophètes qui avaient reçu la grâce de la nouvelle naissance c'est à dire la régénération à travers l'œuvre de la rédemption en Jésus-Christ, étaient désormais habités par le Saint-Esprit, l'Esprit qui vient de Dieu et qui est Dieu lui-même descendu dans le cœur de l'homme pour qu'à partir de celui-ci, marcher sur terre et au milieu des hommes.

La présence de l'Esprit de Dieu dans l'homme s'était avéré nécessaire voir indispensable pour servir de lumière dans le monde et éclairer quiconque la reçoit pour la guérison et le salut de son âme.

<u>Réf bibliques : Mathieu : 5 V 14 ; Jean : 8 V 12 ; 9 V 5 ; 12 V 46 ; 17 V 3.</u>

Vous êtes la lumière du monde. Une ville située sur la montagne ne peut être cachée.

Jésus leur parla de nouveau, et dit : Je suis la lumière du monde, celui qui me suit ne marchera pas dans les ténèbres, mais il aura la lumière de vie.

Pendant que je suis dans le monde, je suis la lumière du monde.

Je suis venu comme une lumière dans le monde, afin que quiconque croit en moi ne demeure pas dans les ténèbres.

Or, la vie éternelle, c'est qu'ils te connaissent, toi, le seul vrai Dieu et celui que tu as envoyé, Jésus-Christ.

Ainsi se présente le contenu des versets ci-dessus lesquels témoignent du résultat de l'œuvre réformatrice du Fils de Dieu, le seigneur et sauveur Jésus-Christ pour le compte du ministère de Dieu.

Il devra commencer par rendre témoignage de lui-même en tant que lumière du monde envoyée par le Père pour éclairer quiconque le reçoit et le sortir des ténèbres de l'obscurité dans lesquels le monde au travers des hommes entier est plongé par la connaissance du péché.

Cette lumière correspond toujours à la vie éternelle autrefois représentée par l'arbre de vie présent à l'intérieur du jardin d'Eden où l'homme avait été placé et qui faisait également office de la loi de la liberté, communément appelée la grâce et la foi mise à la disposition de l'homme pour le conduire à l'accomplissement prophétique ou à l'expérience de l'être fait à l'image et selon la ressemblance de Dieu, puisque celui-ci était resté seulement à la phase annonciatrice de ladite déclaration prophétique.

C'est le lieu de rappeler que ce type d'arbre ne se consomme que par le moyen de la croyance et plus précisément par la voie des oreilles pour engendrer la vie par la foi selon qu'il est écrit :

Réf bibliques : Jean : 16 V 8 - 9 ; Romains : 10 V 17.

Et quand il sera venu, il convaincra le monde en ce qui concerne le péché ; la justice et le jugement.

En ce qui concerne le péché parce qu'ils ne croient pas en moi...

Ainsi, la foi vient de ce qu'on entend, et ce qu'on entend vient de la parole de Christ.

Ainsi ci-dessus en contenu détaillé les éléments qui témoignent de la volonté prioritaire de l'Eternel Dieu de voir l'homme aller en premier lieu à l'arbre de vie pour découvrir la vie éternelle ou la foi, ce qui n'avait pas été le cas pour que celui-ci refuse de croire en l'Eternel Dieu son créateur de qui les instructions de formation et d'éducation de l'homme étaient provenues et restaient inconditionnelles élever l'homme dans la perfection de son créateur.

Mais désormais, avec le seigneur et sauveur Jésus-Christ qui est la dernière figure de l'arbre de vie au travers de sa chair et de son sang comme le vin et le pain de vie au bénéfice de quiconque ayant cru et consommé pour avoir en lui, la vie éternelle et se faisant, passant de la mort à la vie dans un processus de rachat.

<u>Réf bibliques : Jean : 6 V 54 - 56.</u>

Celui qui mange ma chair et qui boit mon sang a la vie éternelle ; et je le ressusciterai au dernier jour.

Car ma chair est vraiment une nourriture, et mon sang est vraiment un breuvage.

Celui qui mange ma chair et qui boit mon sang demeure en moi et je demeure en lui.

A partir donc du contenu des versets ci-dessus nous découvrons l'état des prophètes de la race des régénérés par l'œuvre de la rédemption du seigneur et sauveur Jésus-Christ dont la supériorité sur les autres c'est à dire les pécheurs, se caractérise par la présence en permanence du Seigneur de gloire dans leurs vies et dans leurs cœurs pour leur assurer la garantie d'une vie relationnelle crédible et sûre avec leur Dieu, leur Maître et Père.

Et à tout cela, il faut ajouter que l'échec ne s'enregistre pas dans l'exercice de leur ministère, et ne pouvait même pas puisque le ministère est porté non par eux-mêmes comme provenant d'une quelconque capacité dont ils font profession, mais par le Saint-Esprit, le directeur par excellence pour l'exercice du ministère et sans qui aucune véritable adoration en l'honneur de l'Eternel Dieu n'est possible et ne pouvait obtenir l'approbation du Père.

Mais qu'est-ce que le diable mettait dans son expression, devenir comme des dieux pour la connaissance du bien et du mal, une dimension qui serait conséquence de mort d'après l'Eternel Dieu créateur de l'homme, du jardin et de l'arbre en question ?

Il s'agit là d'une question d'une importance vraiment capitale à laquelle il nous paraît important voir très important d'y répondre, et en cela nous notons ce qui suit :

Il faut commencer par souligner que la réponse à cette interrogation passe au primo par la connaissance des trois dimensions qui composent le royaume des cieux à savoir : le premier, le second et le troisième ciel.

<u>Réf bibliques : 2 Corinthiens : 12 V 2 - 4.</u>

Je connais un homme en Christ , qui fut, il y a quatorze ans, ravi jusqu'au troisième ciel (si ce fut dans son corps je ne sais, si ce fut hors de son corps je ne sais).

Et je sais que cet homme (si ce fut dans son corps ou sans son corps je ne sais, Dieu le sait), fut enlevé dans le paradis de Dieu, et qu'il entendit des paroles ineffables qu'il n'est pas permis à un homme d'exprimer.

Nous notons à partir du contenu des versets ci-dessus lesquels nous permettent d'avoir une idée claire des trois dimensions qui composent le royaume des cieux et dont le troisième correspond au paradis de Dieu.

Nous savons qu'il s'agit d'un niveau de connaissance un élevé qui nécessite beaucoup de préalables cependant, il importe seulement de retenir que le royaume des cieux présente trois différentes zones de règne sur lesquelles nous essaierons de dire quelques mots.

On notera à cet effet du premier au troisième ciel respectivement correspondant à l'univers visible ou le monde charnel ou animal ; le monde des esprits créés occupé par les anges et des démons et enfin, le monde ou le ciel de l'Esprit créateur où siège sa majesté le Dieu Tout-puissant dans son unicité avec le Fils et le Saint-Esprit.

Les choses étant ainsi disposées, l'Eternel Dieu en responsable bien averti allait décider de se déplacer chaque fois lui-même vers l'homme pour s'entretenir avec lui afin de le préserver des risques liés à son contact avec les démons surtout que sa dimension spirituelle n'était pas encore activée pour l'usage d'une quelconque capacité de discernement au regard des réalités propres au second ciel.

Ainsi, la consommation de l'arbre de vie correspondrait à la connaissance de la vie de Dieu laquelle allait se traduit par la présence en permanence de Dieu ou le Saint-Esprit dans le cœur de l'homme pour en faire une habitation de Dieu en esprit ou le temple de Dieu.

<u>Réf bibliques : Jean : 6 V 54 - 56 ; 1 Corinthiens : 3 V 16 ; 6 V 19.</u>

Celui qui mange ma chair et qui boit mon sang a la vie éternelle ; et je le ressusciterai au dernier jour.

Car ma chair est vraiment une nourriture, et mon sang est vraiment un breuvage.

Celui qui mange ma chair et qui boit mon sang demeure en moi et je demeure en lui.

Ne savez-vous pas que vous êtes le temple de Dieu, et que l'Esprit de Dieu habite en vous ?

Ne savez-vous pas que votre corps est le temple du Saint-Esprit qui est en vous, que vous avez reçu de Dieu, et que vous ne vous appartenez point à vous-même?

Et voilà en contenu détaillé ci-dessus la figure illustrative qu'incarnait l'arbre de vie et qui en vérité constitue la chair et le sang de l'agneau de Dieu, le seigneur et sauveur Jésus-Christ, livré à fin des temps rançon pour le rachat des pécheurs.

Ainsi, quiconque le rencontre et l'accepte par le processus de la croyance, reçoit par là, la vie de Dieu, communément appelée la vie éternelle et par conséquent, devient le temple de Dieu par la présence du Saint-Esprit qui désormais habite et siège indéfiniment en lui pour en faire son temple.

Celui-ci reçoit par là, la justice de Dieu laquelle repose non sur un quelconque effort personnel du croyant mais plutôt sur sa foi, c'est à dire sa croyance en l'offre instructive et directionnelle de Dieu.

Et c'était la volonté de l'Eternel Dieu envers l'homme à qui aucun interdit n'avait été posé dans son approche à l'égard de l'arbre de vie, comme ce fut le cas avec l'arbre de la connaissance du et du mal.

Il faut souligner que cette démarche de l'Eternel Dieu envers l'homme lui était très importante en ce qu'elle constitue un mouvement et une action de paix au profit de l'homme et qui se traduit par le transport du troisième Ciel ou celui de l'Esprit créateur au cœur du premier ciel encore appelé terre et placé sous l'autorité de l'homme à qui revient par privilège, le pouvoir de gestion et de domination de tout ce qu'il renferme et qui y habite.

Et tout cela était toujours le projet sagement orchestré de l'Eternel Dieu dans le souci d'épargne l'homme qui à l'époque était presque dans un état d'enfance des risques liés à toute éventuelle tentative de collaboration de l'homme avec le règne du second ciel où sont très actifs les anges et les démons, y compris lucifer lui-même, désormais dans son rôle de diable et de Satan, c'est à dire le séparateur et causeur de trouble.

Il faut souligner que ce second ciel revêt un caractère particulier et des composants spécifiques de sorte qu'une bonne appréhension de ses contours nécessite un véritable niveau de connaissance donné, ce que nous serions en mesure d'aborder ici et maintenant.

Et pour le petit rappel, il faut noter que lucifer, après avoir échoué, lui et les anges qui l'avaient suivi dans sa rébellion, et précipité de sa position après le rude combat que lui et son équipe avait livré sans succès contre Michael et son équipe, allait décider d'arracher à l'homme le contrôle du troisième ciel appelé terre et ce faisant, poser une barrière sous l'égide de la loi, la responsable ou personnalité de Dieu par qui le ciel entre le premier et le troisième était fermé empêchant désormais la fluidité des mouvements entre la volonté de l'Eternel Dieu et l'homme.

On dira que l'homme était tombé sous la malédiction de la loi pour avoir connu le péché et désormais séparé de Dieu par sa mise hors du jardin d'Eden.

Il faut ajouter que cet état de chose allait faire objet d'illustration au temps du prophète Moïse et plus précisément dans la présentation du tabernacle qui avait été construit.

Ainsi, l'homme, ayant manqué de rester obéissant à l'ordre de l'Eternel son Dieu, allait se livrer à l'impulsion de sa chair pour se faire donner le péché et la mort en empruntant le chemin de l'interdit.

Au lieu de devenir un être humain à l'image et à ressemblance du vrai Dieu, celui du troisième Ciel, l'homme deviendra le prototype des dieux, c'est à dire homme limité au rang des anges et même inférieur à eux à cause de la présence du péché en lui et désormais sous l'influence permanente des démons, c'est à dire les anges déchus au nombre desquels se retrouve désormais lucifer lui-même.

L'homme deviendra ainsi par sa désobéissance à l'Eternel Dieu et son obéissance au diable, l'homme à l'image et selon la ressemblance du diable, tous les deux captifs du péché, une force spirituelle les rendant tous insoumis et incapables d'obéir à l'Eternel Dieu leur créateur pour se regarder aussi comme des dieux.

Et c'est bien ce que toute la race humaine était devenue à partir d'Adam jusqu'à l'avènement du Fils unique de Dieu, l'agneau sans taches et sans défauts, le seigneur et sauveur Jésus-Christ.

Celui-ci sera alors envoyé de Dieu dans le but de porter sur lui cet homme vaincu par le péché dans un processus de rachat pour clouer et détruire sa chair à la croix pour le constat officiel de sa mort afin de lui redonner une nouvelle existence par sa résurrection en vue de sa réconciliation pour la marche en nouveauté de vie avec Dieu.

Ce qui finira par devenir la source humaine ou des croyants de la nouvelle génération d'adorateurs desquels sortiront les prophètes de la nouvelle alliance de Dieu.

Nous avons encore beaucoup de choses à présenter et à apporter à ce développement toujours pour tenter d'enrichir au mieux nos lecteurs en général et nos partenaires de lecture en particulier, mais ce sera sur mots que nous mettons terme à ce chapitre de notre travail lequel concerne les conséquences des deux chemins sur la vie des croyants.

Conclusion :

Alors que nous abordons la dernière ligne de notre étude, il nous plaît de saluer la contribution très active de celui à qui revient la sagesse ministérielle du Dieu vivant en la personne du Saint-Esprit et en qualité de lampe à nos pieds et sur nos fronts pour nous éclairer et assurer notre parcours à travers les sentiers mystérieux communiquant sur les perfections invisibles de l'Eternel Dieu, notre Seigneur et Père.

Voilà pourquoi il nous semble important le rappel des différents sujets abordés au cour de notre développement en des points ci-après :

Nous nous étions penché sur le ministère divin et plus précisément le ministère prophétique. Ce qui nous avait conduit à l'identification de deux différentes catégories de prophètes.

Mais avant cela, l'homme allait manquer de suivre l'ordre de l'Eternel son Dieu ce qui allait lui coûter la connaissance du péché et les conséquences ne sont plus à démontrer.

Cette gangreine ou poison introduit dans la vie de l'homme par les soins du diable allait poser sa captivité sur la vie de celui-ci et au travers de lui, toute la race humaine.

La suite sera l'existence des croyants pécheurs desquels sortiront la première catégorie des prophètes de Dieu. Ceux-ci tomberont dans l'incompatibilité relationnelle avec sa sainteté et nécessiteront une couverture spécialement pourvue par l'Eternel Dieu afin de les admettre à son service, et on parlera de l'onction pour servir Dieu.

Mais une nouvelle catégorie allait plutard connaître existence à partir d'une race humaine régénérée au moyen de l'œuvre de la rédemption du seigneur et sauveur Jésus-Christ, qui en l'état est le véritable arbre de vie destiné par le Père pour donner la vie éternelle à quiconque l'accepte par le processus de la croyance.

Ceux-ci seront reconnus supérieurs aux précédents parce qu'ayant au-dedans d'eux, la présence de l'Eternel Dieu en la personne du Saint-Esprit, le directeur par excellence pour l'exercice du ministère de Dieu.

Nous trouvons que la relation avec les premiers avait favorisé l'idolâtrie et la pratique de la divination, laquelle consiste à aller consulter les morts en lieu et place du Dieu vivant et jaloux, leur créateur et Seigneur et cela simplement parce qu'ils n'avaient point la vie de Dieu en eux.

Par contre, ceux de la dernière catégorie exercent dans un état de perfection totale non par une capacité venant d'eux-mêmes, mais de l'excellence ministérielle relevant de l'autorité du Saint-Esprit.

Enfin, il convient de retenir que le chemin de l'Eternel Dieu pour l'exercice du ministère prophétique passe avant tout par la consommation de l'arbre de vie communément appelé la grâce ou encore la foi et sera plutard révélé tel le seigneur et sauveur Jésus-Christ au moyen de sa chair pour du pain à manger et de son sang pour du vin à boire pour avoir en soi, la vie éternelle ou la vie de Dieu, tandis que celui de l'homme pour l'exercice du ministère prophétique allait se passer par le refus de se soumettre à l'ordre de l'Eternel Dieu pour se laisser à la pression de chair pour satisfaire ses désirs et envis de diverses natures et diverses formes.

Et ce sera sur ces mots que nous mettons terme au développement de notre œuvre relative au chemin de Dieu et celui de l'homme pour l'exercice du ministère divin.

Référence :

Recherches personnelles sous le contrôle exclusif du Saint-Esprit et appuyées par la Bible, version Louis Second.

I want morebooks!

Buy your books fast and straightforward online - at one of world's fastest growing online book stores! Environmentally sound due to Print-on-Demand technologies.

Buy your books online at
www.morebooks.shop

Achetez vos livres en ligne, vite et bien, sur l'une des librairies en ligne les plus performantes au monde!
En protégeant nos ressources et notre environnement grâce à l'impression à la demande.

La librairie en ligne pour acheter plus vite
www.morebooks.shop

Printed by Books on Demand GmbH, Norderstedt / Germany